青春文庫

日本史の舞台裏

その後の結末

歴史の謎研究会［編］

はじめに

　日本史の表舞台に登場し、スポットライトを浴びた人たち。ある者はあふれる才能のゆえ、ある者は自らも予期しない運命の悪戯《いたずら》によって、その名を歴史に残すことになった。

　彼らは、いつ、何をしたのか。なぜそれは歴史上重要なのか……ということさえおさえれば、歴史知識としてはまず、充分といってもよい。しかし、本書が今回着目したのは〝その先〟にある。歴史の舞台を降りてからの彼らの「行方」。そこにこそ、知られざる人生のドラマが凝縮しているからだ。

　桶狭間で織田信長に敗れた今川氏に待ち受けていた流転の運命。関ケ原合戦後に味わった真田昌幸《さなだまさゆき》・幸村父子《ゆきむらおやこ》の永《なが》く辛い流人生活。『おくのほそ道』完成後の松尾芭蕉の謎めく足跡。「命のビザ」を発給し続けた杉原千畝《すぎはらちうね》のその後……。

　彼らは、たしかに日本の歴史に大きな足跡を刻んだが、同時に彼らの人生も、それをきっかけに大きく変わった。

　その時いったい何が起きたのか。教科書とは一味違う歴史の醍醐味をぜひ味わってほしい。

二〇一五年六月

歴史の謎研究会

日本史の舞台裏　その後の結末◉目次

4 突如、歴史の表舞台に立ったその人の行方

5 謎に包まれたあの人物の足跡

カバーイラスト……シゲリカツヒコ
本文写真提供……毎日新聞社
本文イラスト提供……Shutterstock
Nataleana/shutterstock.com
Elinalee/shutterstock.com
DTP……フジマックオフィス
協力……カミ通信

1 時代を動かした彼らはその後どうなったか

桶狭間で織田信長に敗れた今川氏に待ち受けていた流転の運命

■戦国大名の器とは

永禄三年（一五六〇）五月十九日、京を目指していた今川義元《いまがわよしもと》が、尾張の桶狭間《おけはざま》において織田信長《おだのぶなが》の奇襲に遭い、討ち死にする。義元はこのとき男盛りの四十二歳。あまりにもあっけなく敗死したため、後世、愚将の代表のように言われたが、実像は駿河《するが》、遠江《とおとうみ》、三河《みかわ》の三国を勢力下におく、文武両面に秀でた東海道一の弓取りだった。唯一、この桶狭間に限っては天魔に魅《み》入《い》られたとしか言い様がなかった。

一体、今川家はその後どんな運命をたどったのだろうか。

桶狭間で義元が亡くなったとき、嫡子の氏真《うじざね》は二十三歳。ただちに家督を相続した氏真ではあったが、到底、大国の屋台骨を支えられるだけの器量は持ち合わせていなかった。まず、二年後に三河の松平《まつだいら》（徳川）家康《いえやす》がそれまでの同盟関係を一方的に破棄して信長と結び、今川の勢力を三河から駆逐《くちく》する。

さらに、永禄十年、甲斐《かい》の武田信玄《たけだしんげん》が、義元以来の同盟関係を破棄してきた。怒った氏真は相模《さがみ》の北条氏と謀《はか》り、甲斐への塩の輸送を止めてしまう。そのことを伝え聞いた越後の上杉謙信《うえすぎけんしん》が、宿敵であるにも関わらず信玄に塩を送って窮状を救った。これが今に伝わる「敵に塩を送る」のいきさつである。

翌年十二月、信玄は家康と手を結び、駿河に侵入する。氏真は居城を逃れ、掛川に走る。ここに最盛期は百万石を誇った戦国大名としての今川氏は滅亡した。

氏真という武将はどうしようもない遊び人だった。義元生前のころ、氏真は父からこう忠告されたという。

「お前はすでに成長したが、鶏を闘わせたり犬を走らせたりと童心が抜けていない。それを改めなければ国はくつがえり、家が滅ぶことを肝に銘じておけ」

まさにこの忠告が現実のものとなったのである。

■織田信長の面前で得意の蹴鞠を披露する

永禄十二年五月、氏真は掛川城を家康に明け渡し、夫人の実家である相模の北条氏に寓居《ぐうきょ》する。ところが、北条氏が武田氏と同盟を結ぶとそのまま滞在する訳にはいかず、かつての敵の家康を頼り、浜松に移住する。

天正三年（一五七五）、氏真は上洛して信長に謁《えつ》し、面前で得意の蹴鞠《けまり》を披露した。自分を悲惨な運命に突き落とした元凶にご機嫌をとらなければならなかった氏真のこのときの心情は察するに余りある。

しかし、ものは考えようである。氏真は遊び人だったがために家を傾けたが、このときばかりは蹴鞠の技で信長に気に入られ、殺されたり遠方に追放されたりすることもなかった。文字通り、芸が身を助けた訳だ。氏真はこのころ剃髪《ていはつ》して宗誾《そうぎん》と号した。その後、京都に住んで多くの公家と交際し、歌や蹴鞠に明け暮れた。

慶長十九年（一六一四）十二月、氏真は江戸で亡くなった。享年七十七。のちに『甲陽軍鑑《こうようぐんかん》』で氏真は「我国をほろぼし、我家をやぶる大将四人」の中の第一番に相当する「馬鹿なる大将」と評された。氏真の跡は、子の範以《のりみち》がすでに亡くなっていたため、孫の直房《なおふさ》が継いだ。直房は寛永十三年（一六三六）十二月、従五位下侍従に叙任され幕府の奥高家《おくこうけ》に列した。嫡家《ちゃくけ》は明治の半ばまで続いた。

「間宮海峡」を発見した探検家、間宮林蔵の不可解なその後

■伊能忠敬に測量術を学び蝦夷を探検する

ある出来事をきっかけにその人に対する世間の評価が百八十度変わってしまうことがある。

江戸の後期、樺太《からふと》を探検した間宮林蔵《まみやりんぞう》がその好例だ。探検を終えた林蔵は一躍、人気者となり武家・庶民を問わず尊敬されるが、ある事件を契機に世間の冷たい視線を浴びることとなる。一体、林蔵に何が起きたのだろうか。

間宮林蔵は安永四年（一七七五）、常陸《ひたち》（茨城）の貧農の子として生まれた。早くから数学の才能を発揮し、それが認められ江戸に出る。林蔵は伊能忠敬《いのうただたか》に師事し測量術を学ぶ。二十九歳のとき、西蝦夷《えぞ》を、三十五歳で樺太を探検する。この樺太探検で当時は半島だと思われていた樺太が島であることを確認する。

文政四年（一八二一）、蝦夷地は幕府直轄領から松前藩の管轄《かんかつ》となる。林蔵は翌年、江戸に帰り、勘定奉行配下の三十俵三人扶持《ぶち》の普請《ふしん》役となった。このとき四十八歳。百姓の身分から異例の出世だった。

江戸に戻った林蔵は諸大名や有力幕臣などに招待され、まさに時の人となる。そんな林蔵に近づいてきた人物の中に、ドイツ人医師シーボルトがいた。シーボルトは蝦夷地と樺太の地理や民情に興味を持ち、その探検談を林蔵から聞こうとしたのである。このことが、のちのシーボルトの運命を変えることになった。

文政十一年八月、五年間の任期を終え、オランダへ帰ろうとしていたシーボルトの荷物の中から、国外への持ち出しが禁止されている日本地図、葵《あおい》の紋服など数点が発見される。このためシーボルトは幕府からスパイ容疑で取り調べを受けることになる。

取り調べの結果、シーボルト自身は国外永久追放処分となり、シーボルトにそれらの物品を贈った蘭学者、医者らも身内を含めて厳しい処分を受ける。これが世に言う「シーボルト事件」である。実は、この事件を幕府に密告した人物こそ、間宮林蔵なのだ。

「卑劣な密告者」のらく印を押された間宮林蔵

■薩摩藩の探索では忍者もどきの活躍も

事件以来、林蔵は世間から「卑劣な密告者」のレッテルを貼られてしまう。林蔵はそれを知ってか知らずか、この事件後、幕府の隠密へと転身する。探検で培った知識と行動力が買われたものであろう。林蔵の隠密活動で明らかになっているのは、薩摩藩の密貿易探索と石見《いわみ》（島根県西部）浜田藩の密輸事件摘発である。

特に薩摩藩を探索したときは忍者もどきの活躍をみせている。他国者の流入を警戒する藩の目をあざむくために林蔵は隣国の者になりすまし、鹿児島城下の経師屋《きょうじや》（襖《ふすま》などを表具する商売）に弟子入りする。

そして親方に従って城内に入ると、自分の名札を襖の中に隠してきたという。のちにこの名札は重い意味をもってくる。

「密貿易に関してはすべて調査済みである。嘘だと思うなら、城中のこれこれの部屋の襖紙を破ってみるがよい。そこに隠密の名札が隠されているはずである」

そう言って、幕府は薩摩藩を脅《おど》した。つまりこの名札は、遠国といえども幕府の監視の目は絶えず光っているのだということを証明するうえでの重要な小道具となった。薩摩藩はこのときの幕府の脅しに屈し、十万両の上納金（詫び料）を差し出している。

薩摩から戻った林蔵は働きが認められ、二十俵の加増を受ける。林蔵六十一歳のときだ。のちに林蔵は隠密という役目の苦労をこう語っている。

「探偵をしていると様々な人物になりすます必要が出てくる。これまでに一番困ったのは乞食《こじき》になったときだ。身に着るものは薄く、手荷物も持ってはいけないため、自分はつねに路費百両ほどを所持していたが、それを隠すのにいつも困ったものだ」（小宮山綏介『間宮林蔵遺事追加』）

弘化元年（一八四四）二月二十六日、林蔵は江戸・深川の住まいで縁者に看取られ、七十年の生涯を閉じる。士分は自分一代と考え、後継は置かなかったが、幕府は林蔵の生前の忠勤ぶりを評価し、相応の人物を選んで間宮家を存続させた。

シーボルト事件でミソをつけ、後半生を隠密として過ごしたこともあり、同時代の伊能忠敬と比べると間宮林蔵の人気は低い。しかし、林蔵が偉大な探検家であることは疑いのない事実である。後年、樺太とアジア大陸の間の海峡が、シーボルトによって「間宮海峡」と名付けられ、世界に広まったことは歴史の皮肉と言うべきだろう。

国外追放処分を受けて帰国したシーボルトが密かに果たしていた再来日

■オランダに戻り日本研究の本を執筆する

シーボルトは幕末、長崎オランダ商館の医師として活躍した人物だ。もともとはオランダが植民地再編を検討するため、必要な資料を収集・研究するよう委嘱《いしょく》されて来日したドイツ人である。そのシーボルトが、幕府から再来日を許さない追放処分を受け、オランダに戻って行ったのは文政十二年（一八二九）九月のことだ。

幕末の日本に西洋医学の種を植えるという大きな功績を果たしたシーボルトがなぜ追放処分を受けたかといえば、当時、鎖国政策下の日本では地図を国外へ持ち出すことは禁止されており、シーボルトがその禁を破ろうとしたからである。このとき三十三歳。日本人妻のたきとかわいい盛りの二歳の娘いねに見送られての悲しい船出だった。その後、シーボルトはどんな人生を歩んだのだろうか。実は再来日を果たしていたことは意外に知られていない。

日本を離れ、オランダに帰着したシーボルトはライデン市に大きな家を購入し、そこで日本から持ち帰った資料の整理を始めた。オランダ政府はその収集品をすべて買い取った上で、シーボルトに研究を続けさせた。これらの品物は今日のライデン国立民族博物館にそのまま伝わっている。さらにシーボルトはライン川のほとりに土地を買い、日本から持ち帰った植物を植え、オランダの風土に慣らすための植物園まで作っている。

オランダでシーボルトが最も力を注いだのが、日本に関する本の執筆だった。その本『日本』は一八三二年に第一冊が出版され、以来年一冊ペースで二十年間にもわたって出版された。まさに大著である。『日本』はきわめて広範な博物学的日本研究の本であり、シーボルトの未知なる物に対する貪欲なまでの知識欲がうかがえる。

シーボルトは東洋通としてオランダの人々から尊敬され、周辺諸国から招待を受けることもしばしばだった。一八五二年にはロシア皇帝ニコライ一世に招かれ、日本の将軍宛てに開国を促す書簡の起草にも当たっている。翌年、プチャーチンが長崎にもたらした書簡がこれである。

このようにシーボルトの頭の中には日本が片時も離れなかった。日本に残してきた妻と子のこともあり、一日も早く再来日したいと機会をうかがっていたようである。そんな折も折、ペリー率いる米国艦隊が大西洋からヨーロッパ、インド洋を経由して日本に遠征するとの話が伝わってきた。シーボルトは遠征隊に自分を加えるよう、猛烈な運動を展開する。

しかし、これは失敗する。ペリーは日本遠征に先立ち、シーボルトの『日本』を読んで大いに感銘を受けたが、日本政府から再来日を禁じられているシーボルトを同伴することは交渉の妨《さまた》げになると判断したからだ。さらに、シーボルトがロシアと親密なところも気に入らなかったようである。

ところが、開国に踏み切った日本は安政二年（一八五五）一月、オランダとの間で日蘭和親条約、三年後に日蘭通商条約を締結し、シーボルトの再来日禁止も解くと発表する。念願叶《かな》って喜んだシーボルトはオランダ貿易会社顧問という立場を得て一八五九年三月、オランダを出帆した。このとき六十三歳。傍《かたわ》らにはオランダで娶《めと》った妻との間にもうけた長男アレキサンダー（当時十三歳）を伴っていた。

その年の八月、長崎に到着。シーボルトにとってちょうど三十年ぶりの来日だった。かつての精力的な青年医師は、白髭《ひげ》をたくわえた恰幅《かっぷく》のよい老紳士へと変貌していた。シーボルトの再来日を知ると、昔、教えを受けた門人や治療を受けた患者までが訪ねてきて旧交を温めあった。日本人妻のたきと娘のいねとも再会できた。たきは楠本姓を名乗り、長崎銅座町で油屋を営んでいた。いねのほうは三十二歳になっており、長崎で産科医を開業していた。

こうして懐かしい人々と再会しながら、シーボルトはライフワークの『日本』の執筆にも力を注いだ。そのうち幕府顧問として一時的に江戸に招聘《しょうへい》されたりもしている。まさに、シーボルトが願った静かな学究生活だった。しかし、満ち足りた日々は長続きしなかった。

■日本の新たな夜明けを見ることなくオランダへ帰る

文久二年（一八六二）四月、突然シーボルトは日本を離れる。日本の新たな夜明けを見ることはなく、都合三年弱の滞在だった。オランダ貿易会社との間で何らかの確執《かくしつ》があり、離日が早まったといわれている。このとき、息子アレキサンダーは残していった。

オランダに戻ったシーボルトは政府から官職を解かれ、故国ドイツへ帰る。そして一八六六年十月、ミュンヘンで没する。享年七十歳。「私は美しい平和の国へ行く」が最期の言葉と伝えられる。愛して止まなかった日本を夢見ていたのだろうか。

なお、日本に残ったアレキサンダーはその後日本語を習得し、英国公使館に通訳として勤務する。一八六七年のパリ万博では水戸藩主・徳川昭武《とくがわあきたけ》の通訳として同行した。さらに後年、ヨーロッパにあって日清、日露戦争の際は世論工作に従事し、日本を側面からサポートした。亡くなる前年の一九一〇年には長年の功績を認められ、勲二等瑞宝章《ずいほうしょう》を受けている。

また、明治二年（一八六九）には次男のハインリヒも来日し、兄同様、外交官として長年日本に滞在した。兄弟二人は父の遺志を継ぎ、未刊だった『日本』の刊行作業にも協力してあたった。

江戸無血開城を実現した勝海舟、新政府入りを蹴った意外な経緯

■幕府の解体によって生計の道を断たれた旧幕臣を救済

勝海舟《かつかいしゅう》――。咸臨丸《かんりんまる》の艦長として日本人初の太平洋横断に成功した人物であり、のちに陸軍総裁となって官軍総参謀の西郷《さいごう》隆盛《たかもり》と直談判し、江戸無血開城を実現して江戸市中を戦火から救った立役者である。彼がいなければ明治維新の夜明けは間違いなく遅れていたはずである。そんな維新の最大の功労者である海舟は、明治になってどんな人生を送ったのだろうか。

江戸開城のとき、海舟は四十六歳。この年（明治元年＝一八六八）の十月、徳川家は駿府《すんぷ》静岡に移住となり、海舟も旧幕臣らと共に静岡に移り住んだ。海舟が東京に戻ったのは明治五年のことである。

新政府から海軍大輔《たいふ》（次官）として迎えられた海舟は、もと住んでいた家の近く

にあった赤坂氷川町の旗本屋敷を買い取り、そこに住んだ。妻妾《さいしょう》と子供たち（四男五女）でにぎやかな家庭だったという。

海舟は翌六年、参議兼海軍卿《きょう》（大臣）となる。七年には元老院議官に任ぜられるが、すぐにこれを辞し、以後、政局に関わることはほとんどなかった。薩長の人材で占められた新政府に嫌気がさしていたのである。海舟は自邸に閉じ籠り時局を論じたり執筆活動に明け暮れたりした。やがて、暇を持て余した海舟はあることに熱中する。旧幕臣の救済がそれである。

幕府の解体によって生計の道を断たれた旧幕臣たちは家財道具を売り払い、その日その日をどうにか過ごしていた。それにも困ると、娘を遊廓《ゆうかく》に売ったり、一家離散したりする例も珍しくなかった。海舟は同じ旧幕臣としてこうした状況を憂慮し、生活に困っている人の品物を預かり、これはと見込んだ人物に購入話を持ちかけた。つまり、骨董品売買の仲介である。

やはり刀剣が多く、備前吉房《びぜんよしふさ》などの逸品が海舟の手を経ている。書では千利休や芭蕉、西行、定家のものなどがあった。海舟からこうした骨董品をよく購入したのが、学者で官僚、のちに日本近代哲学の父と言われた西周《にしあまね》である。掘り出し物があ

維新後、旧幕臣の救済に努めた勝海舟

ると聞くと西はすぐに海舟邸に飛んで来るほど骨董好きだったようである。

しかし、そんな骨董品売買の仲介も明治十年代に限られ、明治二十年に伯爵となってからはパッタリ止めてしまった。その理由として、このころから旧幕臣たちも士官や就職で生活が安定してきたからとみられている。

■伊藤博文とは対決姿勢を貫く

海舟は翌二十一年に枢密《すうみつ》顧問官、二十三年に貴族院議員となるが、政治の場で活躍することはなかった。野にあって自慢話や大言壮語を好き勝手にいい、著述に健筆をふるった。特に伊藤博文《いとうひろぶみ》内閣を痛烈に批判した。海舟は伊藤が嫌いだった。優秀な人材が次々と死に、どさくさに乗じて成り上がった伊藤など所詮《しょせん》小物と見ていたのである。

海舟は第二次伊藤内閣による日清戦争でも終始批判する立場を貫いた。伊藤ら政府高官が、日本はいまや欧州と並ぶ文明国であるとして、ほかのアジア諸国を一段低く見るようになっていたことが我慢できなかったのである。日本だけが優越意識を持ち、アジア諸国を蔑視《べっし》して戦争を進めようとするのは愚の骨頂である、と海舟は断じた。のちの日本人にも当てはまる卓見であった。

その後、海舟は西南戦争で逆賊となった西郷隆盛の名誉回復とその功績を称える運動を展開、西郷の子供たちの面倒もみた。明治二十五年、そんな海舟の身に悲劇が起こる。嫡男で海軍少佐の小鹿《ころく》が四十一歳で病死したのだ。嫡男の突然の死に落胆した海舟はいったん絶家を決め、財産をすべて徳川家へ返上すると宣言する。

ところが徳川慶喜《とくがわよしのぶ》のとりなしがあり、慶喜の十男の精《くわし》を小鹿の娘伊代の養子に迎え勝家を相続させる。慶喜の子供を迎えることで徳川からもらった禄、これまでに受けた恩を返すことになるという海舟独特の論理だった。

三十一年、海舟は軍事大国へと突き進む日本の未来を憂いながら、七十七年の生涯を閉じる。壮年までの人一倍強い上昇志向に比して、維新後の海舟はこれが同一人物かと疑うほど無欲だ。

海舟ほどの大物なら、望めば新政府でどんな要職にも就けたはずである。きっと海舟は、自分は幕臣・勝海舟に徹しようとしたのだろう。いかにも江戸っ子の海舟らしい潔さである。

大政奉還後、閑居の身となった徳川慶喜は明治の世をいかに生きたか

■政治とは無縁の趣味三昧に明け暮れる

大政を朝廷に奉還し、江戸城を明け渡した最後の将軍・徳川慶喜《とくがわよしのぶ》。歴代将軍の中で最も損な役回りを演じることになった慶喜が公職を解かれ、閑居《かんきょ》の身となったのは三十二歳のとき。その後、大正時代を迎えるまで四十五年にも及ぶ後半生を彼はどう生きたのだろうか。

慶応四年（一八六八）七月、それまで寛永寺大慈院から水戸弘道館へと謹慎場所を移していた慶喜は、駿府の徳川家菩提寺《ぼだいじ》である宝台院に入る。謹慎が解除される翌年九月までここで恭順・謹慎の日々を過ごした。その後、元駿府代官の屋敷（紺屋町＝現在の静岡駅前）へ移住し自由の身となる。慶喜は美賀子夫人を呼び寄せると、ここで悠々自適の生活を送った。

慶喜は公的な仕事とはまったく無縁の趣味に明け暮れた。馬術、弓術、狩猟、投網、囲碁、将棋、小鼓、能、油絵のほか、自転車や自動車、写真撮影にも手を出している。とりわけ、当時の日本では珍しい舶来物を集めることに情熱を傾けた。

女性関係もなかなか華やかで、つねに何人かの側室がいた。新村信《しんむらのぶ》、中根幸《なかねさち》などの名前が知られている。慶喜は生涯に男十人、女十一人の子を成した。ほとんどがこの静岡時代に生ませた子だ。しかし、父親の水戸藩主・徳川斉昭《なりあき》は男の子だけで三十七人もうけているから、上には上がいる。なお美賀子夫人との間にも女子を一人もうけたが、早世している。

明治三十年（一八九七）、夫人の病死をきっかけに慶喜は一家をあげて東京・巣鴨へ移住する。六十一歳のときだ。東京に戻ったとはいえ、慶喜は新政府や世間に気を遣い、朝敵とされた将軍時代の家臣や知人に会うことはなかった。そんな慶喜の律儀さを新政府は高く評価した。

慶喜ほど明治維新を挟んで評価がガラリと変わった人物も珍しい。当初こそ、鳥羽・伏見の戦いを前に敵前逃亡した臆病将軍とあざけられたが、大政奉還を素早く実行し、自ら将軍職を辞して恭順・謹慎したからこそ天下を二分する内乱が避けられ、速やかに明治維新を迎えることができたのだと世の人々はようやく気付いたのである。

事実、謹慎が解かれた明治五年には従四位が授与され、十三年には将軍時代と同じ正二位、二十一年にはそれを上回る従一位が贈られる。その裏に勝海舟のとりなしが大きくものを言ったことは確かだ。極め付けは東京に移住してすぐ、明治天皇に拝謁し杯を賜ったことだ。これにより朝敵の汚名は完全に拭い去られた。

三十四年、現在の文京区春日へ移転、翌年、公爵を授爵し、四十一年には勲一等旭日大綬章《きょくじつだいじゅしょう》を受ける。徳川宗家は田安家から入った幻の十六代将軍といわれる家《いえ》達《さと》が継いでいたため、慶喜が公爵になった年に、徳川慶喜家が新たに立てられた。

晩年になるほど慶喜の地位と評価は上がった。しかも子沢山でもあり、縁組があちこちから舞い込んだ。静かに老後を過ごすという訳にはとてもいかなかったようである。

それでも慶喜は社交界への出入りをつとめて避け、少しでも時間があると趣味の狩猟や山歩きに没頭した。特に実弟の水戸昭武《みとあきたけ》との山歩きは無上の楽しみだったようだ。

趣味三昧で余生を過ごした徳川慶喜

■登場するのが遅かった「英明の将軍」

四十三年、慶喜は七男の慶久《よしひさ》に家督を譲り、隠居生活に入る。そして大正二年（一九一三）十一月二十二日、七十七年の生涯を閉じた。好きな趣味に生き、多くの旧幕臣たちとは逆に晩年になるほど盛り上がりをみせた後半生だった。

日本を深く理解し、将軍時代と晩年の二度にわたり慶喜と面会した英国の外交官がこんな慶喜評を残している。

「――四十年後、私が彼と再会したとき、歳月はほとんど彼の姿を変えていなかった。彼の魅力的な物腰は以前のままであったし、顔にしわが増えていたが、あの端正な容貌は変わることなく、名家の血筋を引く特徴は昔のままにはっきりとしていた。もし偉大な貴人というものがいるとすれば、彼こそまさにその人といえよう。惜しむらくは、彼は時代に遅れた人だったのである」（ヒュー・コータッツィ編・中須賀哲朗訳『ある英国外交官の明治維新――ミットフォードの回想』）

確かに、徳川慶喜という人は最後の将軍としてではなく、もっと早い時代に将軍職についていたなら「英明の将軍」として後世に名を残したに違いない。

大津で襲撃されたニコライ2世、事件後の数奇な生涯

■ロシア皇太子を襲ったのは警察官だった

明治二十四年（一八九一）五月十一日、その朝、琵琶湖遊覧を楽しんだロシア皇太子が、滋賀県庁で昼食を終えて人力車で大津の市街をパレードしていたときのことだった。

突然、一人の暴漢が現われ皇太子にサーベルで斬りかかった。皇太子は頭部に切り傷を負ったものの、車夫《しゃふ》に救われすんでのところで危難を脱している。襲撃犯を捕らえてみれば、当日の警備についていた警察官・津田三蔵《つださんぞう》であったというので人々は二重に驚いた。世に言う「大津事件」である。

このロシア皇太子こそ、のちにロマノフ王朝最後の皇帝となるニコライ2世である。皇太子のこのたびの日本訪問は、まったく私的な観光旅行であった。このとき

二十三歳。「大津事件」は、まさにニコライ帝の悲惨な最期を暗示させるものであった。母国ロシアに戻った後、ニコライは運命の〝その日〟を迎えるまでどう生きたのだろうか。

ロシア皇太子襲撃事件は日本中を震撼《しんかん》させた。日本に対して世界各国から「野蛮な国」だと非難が集中する。当時の日本はようやく国の体裁《ていさい》が整ってきた弱小国である。政府は大国ロシアからどんな無理難題をふっかけられるかと戦戦兢兢《きょうきょう》とした。不幸中の幸いで軽傷に済んだが、ロシア皇太子を公衆の面前で、しかも警備についていた警察官が暗殺しようとしたのだから政府の大失態は否めなかった。

それこそ上は明治天皇から文武百官、下は庶民の端々に至るまで心を痛めない者はいなかった。明治帝は京都の皇太子の病床を自ら見舞うほどだった。その際、帝は綴織《つづれおり》の巨大な壁掛け（タペストリー）を贈っている。

襲撃事件から一週間後、京都府庁の門前で経帷子《きょうかたびら》を着込んだ女性がのどを突いて自殺するという事件が起こる。その遺書から、ニコライ皇太子に詫びを言うために千葉県から駆けつけた畠山勇子、二十五歳であることが分かった。畠山は普段から政治に興味を持っており、皇太子に面会し、日本人の一人として一言詫びを言おう

ニコライ皇太子は人力車をいたく気に入ったという

としたが、皇太子はすでに京都を発《た》った後とわかり、自ら命を絶って国難に殉じたものと判明した。

翌日、ニコライ皇太子は神戸から軍艦アゾバ号でウラジオストクに向けて出航する。出航の直前、皇太子は自分の危機を救い、犯人逮捕に協力した車夫二人を艦に招いている。艦上で向《むこう》畑《はた》治《じ》三郎《さぶろう》、北《きた》賀《が》市《いち》市《いち》太郎《たろう》の車夫二人に対し皇太子は自ら勲章を授けると、一時金二千五百円と年金千円を与えると告げた。当時の二千五百円は今日の二千万円以上という。二人は日本政府からも勲章と年金三十六円を贈られている。

■ロシアの内乱により、日露戦争に勝利

ニコライ皇太子が帰国し、ロシアからどんな要求を突きつけられるかと日本の政府要人は不安な日々を過ごした。誰もが多額の賠償金か、あるいは領土の一部割譲を要求されるに違いないと心配した。ところが、幸いにもそうした要求がロシアから出されることはなかった。これはニコライ皇太子の冷静な対応と日本に寄せる好意、そして父帝アレクサンドル3世の平和政策のお陰と言えた。

ロシアに帰国して三年後、父帝が病気で急死し、皇太子はニコライ2世として帝位につく。このころのロシアは絶対君主制に反対する勢力が台頭しており、こうした反体制勢力に対しニコライ2世はつねに強硬な弾圧策で臨んだ。

ニコライ2世という人は、人柄は善良だったが、有能な人物には反感を覚えるという性癖があり、その点で君主としては失格だった。そのため帝の周囲には無能なご機嫌とりばかりが集まってしまった。日露戦争（一九〇四年二月開戦）にしても、占領政策を拡大させ満州に兵を入れたニコライ2世の失政が招いたものと言えなくもなかった。

日露戦争開戦の翌年一月二十二日、ニコライ2世に請願書を渡そうと首都ペテルブルグ市内を行進する労働者の群れに対し、軍隊が発砲、多数の死傷者を出す。これが「血の日曜日事件」である。この国内の混乱が日本側に幸いした。ロシア政府は日本との戦争どころではなくなり、渋々日本との講和条約を締結し、戦争は日本側の勝利という形で幕を閉じる。

一九一四年、オーストリアがセルビアに宣戦布告したことに端を発し、第一次世界大戦が勃発する。ロシア国内では国家主義が盛り上がり、反体制勢力の運動も鎮静化するが、それも一時のことで、長期戦化すると再び国内で反体制運動が澎湃《ほうはい》として起こる。

ニコライ2世は内政を皇后のアレクサンドラ任せにし、皇后は皇后で愛人と噂され、ロシア宮廷の陰の実力者といわれる怪僧ラスプーチンに頼りきりだった。これでは国民の不満は募る一方だった。

一九一七年春、食料暴動に端を発した「二月革命」によって、ニコライ2世は譲位を表明する。しかし、皇太子は病弱で、代わりに指名された帝の弟ミハイル大公も拒絶したため、ここに三百四年間続いたロマノフ王朝は終焉を迎えた。

革命後成立した臨時政府によってニコライ一家は捕縛され、軟禁状態におかれる。

翌年七月十六日、レーニンの命令により、一家全員が処刑される。ニコライ2世は五十年の生涯だった。

■大国ロシアを恐れ津田の死刑を画策

さて、「大津事件」の犯人である津田三蔵のその後に話題を移そう。事件を起こしたとき、津田は三十八歳。伊賀上野の士族の出で、当時滋賀県守山警察署に勤める巡査だった。

犯行の動機は、ロシアはいずれ日本を侵略しようという野望があり、皇太子はそのための偵察に来たのだと思い込み、この日の凶行に及んだものだった。取り押さえられたとき、津田自身、車夫の抵抗にあって重傷を負っており、戸板に乗せられたまま膳所《ぜぜ》監獄へ送られた。

即日、津田は一般の謀殺未遂として大津裁判所に起訴されたが、すぐに政府から横槍が入り、大審院（現最高裁判所）に移される。一般の謀殺未遂では無期懲役が限度で、死刑にできないからだ。大国ロシアを恐れた日本政府は、何としても津田を死刑にする狙いだった。そのため、日本の皇室の場合に適用が限られる「皇族危害罪」を強引に当てはめようとした。

ときの山田顕義《やまだあきよし》法相や西郷従道《さいごうつぐみち》内務大臣らは、大審院長の児島惟謙《こじまこれかた》に津田を死刑にするよう強く圧力をかけた。しかし、児島は「政治権力によって法が枉《ま》げられてはならない」と突っぱねる。

伊予宇和島藩士の家に生まれた児島は、若いころは坂本竜馬《さかもとりょうま》と親交があり、倒幕運動にも加わった経験を持つ。硬骨漢として有名で、この断固とした児島の態度に、さすがの山田法相らも沈黙してしまう。

■判決から四カ月後に北海道の牢獄で謎の死を遂げる

こうして五月二十七日、大津地方裁判所内の大審院法廷において、津田は無期懲役を言い渡される。この判決は当初、ロシアの対日感情を害するものと憂慮されたが、国際的には日本の司法権に対する信頼を高め、治外法権の撤廃を目指すこれ以後の条約改正交渉に、よい影響を与えることになるのだから、歴史は皮肉だ。

その後の津田だが、北海道の釧路集治監《しゅうじかん》へ送られ、判決からわずか四カ月後に獄死する。津田の死については、自ら絶食して果てた、衰弱した体にきつい労役を課されそれが因《もと》で亡くなった、あるいはロシアの対日感情を和らげるため政府が密《ひそ》かに暗殺者を送り込んだなど諸説入り乱れ、確かなことは未だわかっていない。

最後に、ニコライ皇太子の危難を身を挺《てい》して救った向畑治三郎、北賀市市太郎の二人の車夫についても触れておこう。二人は世間から英雄とまつり上げられ、しかも大金が手に入ったことですっかり有頂天となった。それを心配したのが政府の役人たちだった。

気が大きくなった二人が、むやみに金を遣って新聞ダネにならぬかと心配したのだ。特に、向畑のほうは前科があり、その心配が大だった。そこで、毎月二十五円を生活費として渡し、残りは京都府が管理することになった。しかし、案の定、向畑は事業を始めるなどと言っては金を引き出し、博打《ばくち》と女につぎ込んだ。のちに日露戦争が始まって年金がストップすると、みじめな晩年を迎えた。

一方の北賀市は事件後、郷里の石川県大聖寺へ帰り、褒賞金で田畑を買って地主となった。さらに、勉強にも精を出し、郡会議員となる。まさに、ニコライさまさまだったが、幸福は長続きしなかった。日露戦争が始まるや、それまでロシアから年金の仕送りを受けていた北賀市は周囲から「露探《ろたん》」、つまりロシアのスパイ扱いされ、こちらも辛い日々を余儀なくされたという。

箱館戦争終結後、榎本武揚が政府の要職に就いた本当の理由

■西郷隆盛や黒田清隆らが盛んに赦免運動を展開

榎本武揚《えのもとたけあき》ら旧幕軍が箱館（函館）で樹立した「蝦《え》夷《ぞ》共和国」に対し、官軍の総攻撃が始まったのは、明治二年（一八六九）四月下旬のことだった。

榎本らが立て籠る五稜郭《ごりょうかく》めがけて連日海と陸から激しい砲撃が加えられ、陥落は時間の問題となった、そんな五月十二日、攻める側の官軍参謀・黒田清隆《くろだきよたか》より榎本のもとに降伏を促す使者が派遣される。

榎本はその勧告を拒絶すると、自身のオランダ留学で持ち帰った『海律全書《かいりつぜんしょ》』（海上国際法）二冊を黒田に贈った。

「開化途上の日本には必要なこの書が戦火で失われないように」

添え書きにはそう記されていた。黒田はこの期に及んで国の行く末を想う榎本の

赤心に感激し、酒樽を贈って応えた。榎本とはそういう男だった。のちに榎本は政界に進出し栄達を遂げるが、その際、「新政府に寝返った変節漢」と陰口をたたかれもした。しかし、彼自身は一片の私心もない憂国の士であった。

明治五年三月六日、榎本は二年半の禁固生活の後、晴れて自由の身となる。このとき三十七歳。榎本のような人物を埋もれさせておくのは国家の損失であると、黒田や西郷隆盛《さいごうたかもり》らが盛んに赦免運動を展開し、それが奏効したのである。

出獄して二日後、黒田のもとに呼ばれ、蝦夷から改称したばかりの北海道の開拓を命じられる。働きどころを得た榎本は勇躍、北海道に渡った。まず、取り掛かったのは埋蔵資源の調査である。石油や砂鉄、石英、鉛鉱、陶土などが対象だった。

それが一段落すると、次は北海道・北東部の物産調査。榎本は開拓が始まったばかりの道なき原野を倦《う》むことなく踏査《とうさ》した。その結果、釧路の石炭、厚岸《あつけし》の塩、広尾・浦川の穀類や麻、たばこ栽培などが有望であると報告書に述べている。

■千島・樺太をめぐる領土問題を解決に導く

北海道調査を成功させた榎本が次に命じられたのは、外交官として対露交渉に当たることだった。当時、日本とロシアは樺太《からふと》をめぐって領土問題でもめており、これを解決できる人物は榎本をおいて他になしと黒田が強く推挙し、実現したものだった。

明治七年三月五日、榎本は天皇より特命全権公使露国公使館在勤を拝命する。その五日後、全権一行は横浜から船に乗り、シンガポール、インド洋、スエズ運河経由でマルセイユに到着。そこで汽車に乗り換え、当時の露都ペテルブルグに到着したのは六月十日ごろのことだった。

樺太問題に関する会談は六月下旬から翌年五月にかけて、回を重ねて開かれる。その結果、「日本は樺太全島をロシアに譲渡する代わりに、千島列島を領有する」という千島・樺太交渉条約が、榎本と露国外務大臣ゴルチャコフとの間で締結・調印される。

どうにか大役を果たし、ほっとした榎本だったが、実はもう一つ使命があった。それは、ロシアの国情視察である。彼は広大なシベリア大陸を横断することでその使命を果たそうとした。

明治十一年七月二十六日、榎本は二人の若い日本人留学生と共にペテルブルグを

その有能さゆえに政府の要職を歴任した榎本武揚

馬車で出発した。目指す極東のウラジオストクまではおよそ一万キロ。榎本らはこれを六十五日間かけて踏破した。

なにしろ、シベリア鉄道が着工される十三年も前の話だ。当然、道路事情は悪い。おそらく、悪戦苦闘の日々だったに違いない。それでも、計算上は一日あたり百五十キロ強を走ったことになる。これはかなりのハイスピードである。

しかも、榎本はただ無闇に馬車を急がせたわけではなかった。途中、彼は鉱物・地質・化学・気象・地理・植物・民俗学などの身に付けた諸学問と、英・仏・蘭・露・独・漢・蒙の七カ国語を駆使し、シベリアの大地を精力的に調査して回ったのである。

こうした苦労の末に帰国後、『西比利亜《シベリア》日記』を完成させる。まさに、旺盛な行動力と博覧強記の知識をあわせ持つ榎本にしか成しえない任務だったのである。

その後の榎本だが、伊藤博文《いとうひろぶみ》や黒田清隆、山県有朋《やまがたありとも》、松方正義《まつかたまさよし》などの各内閣で逓《てい》信《しん》、文部、外務といった大臣職を歴任。順風満帆の後半生を送った。退官後は、生活に困っている旧幕府出身者の救済に力を尽くした。明治四十一年、七十三歳で没した。

2 歴史的大事件の主役たちの顚末

源頼朝の血脈を伝える子孫は、その後どこへ行ったのか

■北条氏によって二十三歳の若さで殺された嫡男・頼家

建久三年（一一九二）七月、平家を滅ぼした源頼朝《みなもとのよりとも》が念願の征夷《せいい》大将軍に任ぜられ、鎌倉幕府を開く（年代に関して異説あり）。本格的な武家政権の誕生だった。

頼朝と正妻である北条政子《ほうじょうまさこ》との間には頼家《よりいえ》（二代将軍）、実朝《さねとも》（三代将軍）、大姫《おおひめ》、乙姫《おとひめ》という二男二女がいた。しかし、いずれも短命であったり、非業の死を遂げたりしている。

偉大な武家の棟梁《とうりょう》・頼朝の血は早々に途絶えてしまったかに見えたが、実は、頼朝の血を継承する男子が一人、実朝亡き後も存在した。歴史の表舞台に上ることもなく消えていったその男とは……。

その前に、頼朝が北条政子との間に成した四人の子供たちの足跡をたどってみよ

源頼朝の血は三代にして途絶える

う。まず、総領の頼家。建久十年（一一九九）一月に没した父頼朝の跡を受け、建仁二年（一二〇二）七月、二代将軍となる。その間、約三年半の空白が生じたのは頼家に天下を統《す》べる実力がないとみなされ、外祖父北条時政《ときまさ》ら十三人の合議制が布《し》かれたからである。

翌年九月、時政により将軍の座を追われた頼家は伊豆の修善寺に幽閉される。頼みとする妻の父比企能員《ひきよしかず》を時政に討たれ、つづいて弟の実朝に将軍職を奪われた頼家にはもはや抵抗する手だてもないままの伊豆下向であった。

そして、元久元年（一二〇四）七月、頼家はこの幽閉先で北条の討手《うつて》により殺害される。二十三歳の若さだった。

次男の実朝は兄頼家が追放された後、三代将軍となるが、実権は時政の息子の北条義時《よしとき》に握られていた。そのため、実朝は官位昇進だけを望み、趣味の世界に没頭する。

実朝は京風の文化に強いあこがれを持ち、妻を京から迎えたり、和歌や蹴鞠《けまり》に熱中したりする日々を送る。特に和歌は藤原定家に師事し、家集『金槐《きんかい》和歌集』を作るほどだった。

■世俗から超然とした立場を貫いた頼朝の三男

実朝は承元三年（一二〇九）に従三位となって公家に列すると、建保六年（一二一八）には内大臣から右大臣へと昇進する。ときに二十七歳。武家としては異例な、摂関《せっかん》家に並ぶ昇進ぶりだった。

翌年一月二十七日、実朝は右大臣拝賀の儀式にのぞむため鶴岡八幡宮に詣でる。事件はまさにこの日に起こった。儀式が終わって退席しようとする実朝に、甥《おい》の八幡宮別当の公暁《くぎょう》が斬りかかり、あっという間にその首を打ち落としてしまったのである。

公暁は頼家の二男で、父が殺された翌年に仏門に入れられたという経緯があった。公暁は、父を殺した黒幕は叔父の実朝だと早合点し、敵討ちの機会をうかがっていたのである。しかし、そんな公暁も有力御家人の三浦義村《みうらよしむら》によって殺害され、新将軍になろうとした野望はついえてしまう。実朝に子はなく、こうして源家将軍は三代で途絶えることになる。

なお、頼朝の娘である大姫は二十一歳で、乙姫に至ってはわずか十四歳で病死する。また、頼家には公暁をはじめ四男一女がいたが、男子はいずれも政争に巻き込まれ若死にしている。残った女（竹御所《たけのごしょ》）は四代将軍藤原頼経《ふじわらのよりつね》の御台所《みだいどころ》となり、五人の中で唯一生き残った。しかし、子は残さず、難産が原因で天福二年（一二三四）、三十二歳で没する。

実はこの竹御所以外に、実朝没後も頼朝の血脈を伝える男子が一人生き延びていたことはあまり知られていない。それが、頼朝が側室である藤原朝宗《ともむね》の娘（大進《だいしんの》局《つぼね》）に生ませた貞暁《じょうぎょう》（法名）である。

貞暁は頼朝の三男になる。十八歳で出家し、以来、将軍の座をめぐる血生臭い政争に一切関わることはなく、世俗から超然とした立場を貫いた。

貞応二年（一二二三）には北条政子の援助を仰ぎ、高野山に寂静院《じゃくじょういん》を建立する。三代の将軍の追善のために阿弥陀《あみだ》堂を営み、本尊の胎内に頼朝の遺髪を納めた。幕府は寂静院を保護し、貞暁は源氏三代の鎮魂《ちんこん》の司祭者として崇敬《すうけい》を集めたという。

寛喜三年（一二三一）、貞暁はこの寂静院で四十六年の生涯を静かに閉じる。これによって頼朝の血を引く男子は完全に途絶してしまった。

来日後、二年で出国したフランシスコ・ザビエルのその後の行方

■マラッカでアンジローと出会う

天文十二年（一五四三）八月、種子島に漂着したポルトガル船により、その後の戦術を大きく変えることになる武器が伝えられる。鉄砲である。その六年後の同じ八月、今度はイエズス会宣教師・フランシスコ・ザビエルによってキリスト教という新しい宗教がもたらされる。わずか六年の間に後々まで影響を与える「不吉の使者」と「平和の使者」が相次いでわが国にやって来たことになる。

来日したザビエルは主に山口や大分で布教活動を展開したが、その二年三カ月後には日本を離れている。日本に初めてキリスト教を伝えるという歴史に残る偉業を成し遂げたザビエル。一体、その後の彼はどんな人生をたどったのだろうか。

ザビエルは一五〇六年、現在のスペイン・バスク地方の貴族の家に生まれた。二

十歳代後半にキリスト教の布教活動を始める。やがて、東方への布教に関心を持つようになり、一五四二年、インド南西部のゴアに渡る。

当時の海外布教活動は植民地政策と密接につながっている。ザビエルもその密命を胸に秘め、布教活動を行ったに違いない。

三年後にはマラッカへ移り、同地で薩摩出身のアンジロー（弥次郎《ヤジロー》）と出会う。アンジローを通じて日本人の優秀性に強く心をひかれたザビエルは日本での布教を念願するようになる。天文十八年八月、その夢が叶い鹿児島に上陸、以来、二年三カ月にわたり精力的に西日本各地を布教して回った。

ときはまさに戦国時代。島津貴久《しまづたかひさ》、大内義隆《おおうちよしたか》、大友宗麟《おおともそうりん》など西日本の有力大名たちは競うようにしてザビエルを迎え入れた。大名たちの狙いはザビエルの後ろに控えている南蛮貿易にあった。ザビエルを利用して鉄砲や大砲など欧州の最新の武器を手に入れようとしたのである。

ザビエルは二年三カ月の滞在でおよそ七百人の日本人をキリスト教徒にしたという。言葉が満足に通じない異郷の地で短期間にこれだけの数の信者を獲得したことは、ザビエルの頑張り以外のなにものでもなかった。

わが国に初めてキリスト教を伝えたザビエル

■布教活動を方向転換し、日本から中国へ

そんなザビエルも、やがて戦乱の渦に巻き込まれ、布教活動が思うに任せられなくなる。天文二十年十一月中旬、ザビエルは後ろ髪を引かれる思いで大分からポルトガル商船で出帆する。その少し前に、インドのイエズス会に宛て、次のような手紙を出している。

「頭には白髪が増えてしまいました。日本での布教活動は精魂尽き果てました……」

最新の武器には強い関心はあっても宗教にはほとんど興味を示さなかった日本の大名たち。領主がキリスト教に理解を示してくれていたら、もっと多くの信者を獲得できたという確信があったザビエルは、このとき拭《ぬぐ》いきれない挫折感を胸にたたんで日本を後にしたのである。

翌年一月二十四日、ザビエルを乗せた船はインド南部のコーチンに到着。ここでザビエルは、中国での布教を決意する。日本文化は中国からの影響が大きいことを知っていたザビエルは、まず中国にキリスト教を普及させることでやがて日本にもその波が及ぶはずとにらんだのである。

ザビエルはただちにポルトガル商船で中国に向かい、大陸の入り口である広東《カントン》に近い上川島に上陸する。ここで中国政府の許可を待つが、入国許可は一向に下りなかった。そのうち、ザビエルは熱病を発してしまい、一五五二年十二月三日、四十七年の生涯を閉じる。日本を発《た》って約一年後のことだった。

遺骸はゴアの聖堂に運ばれ、燦然《さんぜん》と輝く銀棺に納められて永遠の眠りにつく。生前と何ら変わらない遺骸に人々は驚いたと記録されている。一六二二年、ザビエルは聖人の列に挙《あ》げられる。

それにしても、日本にキリスト教を根付かせることにザビエルはなぜこれほど情熱を傾けたのだろうか。一説には、日本の布教から始めて、その後に中国へ向かう計画だったという。ところが、最初の日本で挫折してしまい、「中国から日本へ」と方向転換を余儀なくされたのだという。

後年、日本に渡ってきた宣教師にルイス・フロイスがいる。フロイスはザビエルと面識があり、のちにザビエルのことを「完璧な男」と評している。完璧主義者のザビエルは、西洋から見れば最も遠い極東の島国を教化してこそキリスト教の偉大さを世界に示せると考えたのではないだろうか。

室町幕府最後の将軍をめぐる哀切と痛切の物語

■三つ年上の信長を御父と呼んで敬う

足利義昭《あしかがよしあき》――。室町幕府第十五代将軍、つまり室町幕府最後の征夷《せいい》大将軍である。義昭の人生を語るとき、欠かすことのできない人物がいる。織田信長《おだのぶなが》である。義昭にとって信長という存在は、服用法を間違えればこちらの身をも害しかねない劇薬であった。そんな劇薬、信長が本能寺で亡《ほろ》んだ後、義昭は一体どんな人生を歩んだのであろうか。本能寺の変から六十一歳で亡くなるまでの十六年間の義昭の足跡をたどってみた。

足利義昭は天文六年（一五三七）十一月三日、室町幕府第十二代将軍・足利義晴《よしはる》の次男として誕生した。六歳で仏門（興福寺一乗院）に入り、覚慶《かくけい》を名乗る。兄の足利義輝《よしてる》は天文十五年、わずか十一歳で十三代将軍に就任している。

本来ならば覚慶はそのまま僧侶として生涯を全《まっと》うするはずであったが、世は戦国時代。永禄八年（一五六五）五月に松永久秀《まつながひさひで》らによって義輝が暗殺されると、覚慶は興福寺にそのまま幽閉《ゆうへい》されてしまう。

その二カ月後、覚慶は興福寺を脱出して近江《おうみ》の和田惟政《わだこれまさ》に身を寄せる。翌年二月、還俗《げんぞく》し、名を義秋《よしあき》と改めると、このころに自分の手で足利家を再興しようと腹を括《くく》ったらしい。その後、従五位下・左馬頭《さまのかみ》にのぼると、越前の朝倉義景《あさくらよしかげ》を頼る。この地で遅い元服をすませ、名を義昭と変えたときはすでに三十二歳になっていた。

元服から三カ月後の永禄十一年七月二十五日、当時日の出の勢いだった織田信長の招きに応《こた》え、美濃《みの》の立　政寺《りゅうしょうじ》に入る。同年九月二十六日、信長と共に上洛《じょうらく》を果たす。このころ十四代将軍・足利義栄《よしひで》が死去したため、義昭は信長の後押しもあって十月十八日、十五代将軍に任ぜられた。

念願の将軍の座に就いたことで義昭は有頂天となった。わずか三歳年上の信長に対し、「御父《おんちち》」と呼び、さらに「武勇天下第一」とまで称えた。しかし、信長の真意は義昭の権威を利用し、畿内《きない》支配を強めることにあった。つまり、義昭という存在は信長にとっての傀儡《かいらい》政権の象徴にすぎなかったのである。義昭は日をおかずそのことに気付かされることになる。

■信長包囲作戦は挫折の憂き目に

元亀《げんき》三年（一五七二）十月、各地の勢力と独自の外交を繰り広げる義昭に対し、怒った信長は十七条からなる意見書を送りつける。これに反発した義昭は、信長から御所として提供されていた二条城に籠って戦備《いくさぞな》えを始めた。

同年十二月に起こった三方ケ原《みかたがはら》の戦いで織田と同盟関係にあった徳川家康《とくがわいえやす》が武田《たけだ》信玄《しんげん》のために苦杯をなめると、義昭の立場は一気に強まった。そこで信長は、義昭のもとへわが子を人質に差し出し、和睦を図ろうとしたが、義昭はこれを拒否。

信玄の力を借りて信長を倒すことができると喜んだ義昭だったが、運命は皮肉だった。信玄が西上途中で急死し、武田軍が甲斐《かい》に退却したため、義昭と信長の立場は一気に逆転したのである。義昭は山城・槙島《まきしま》城にこもって抵抗を見せるが、織田の大軍に城を包囲され、天正元年（一五七三）七月、わずか十七日間の籠城の末に信長に降伏する。

その後、義昭は京を追放され、再び流浪生活が始まる。これをもって、室町幕府

織田信長と争い室町幕府の再興を目指した足利義昭

は実質的な権威を失ったとされている。義昭は山城・枇杷庄《びわのしょう》、河内・若江城、和泉・堺、紀伊由良・興国寺と転々とし、天正四年四月には毛利氏を頼って備後《びんご》（広島県東部）・鞆《とも》の津《つ》へと移る。

この地で義昭は、越後の上杉謙信《うえすぎけんしん》や甲斐の武田勝頼《かつより》などに信長追討を呼びかけ、当時信長と争っていた石山本願寺とも連携しつつ、上洛して信長を討つよう毛利輝《もうりてる》元《もと》や吉川元春《きっかわもとはる》らを焚《た》き付けている。もしもこの全国的規模の信長包囲作戦が即座に実行に移されていたとしたら、信長の死期はもっと早まっていたに違いない。

しかし、上杉謙信が死去し、石山本願寺も信長の前に降伏すると、一気にこの信長包囲作戦はトーンダウンしてしまう。

ところが、天正十年六月二日、義昭にとってこれ以上ない歓喜の瞬間が訪れる。宿敵信長が、家臣の明智光秀によって討《う》たれてしまったのだ。同年十一月二日付で、薩摩《さつま》の島津義久《しまづよしひさ》に宛《あ》てた義昭の手紙が残っている。その手紙には、

「今度、織田の事、天命遁《のが》れ難《がた》く依《よ》り自滅候《そうろう》」

としたためられていた。きっと義昭は、天下の征夷大将軍たる自分に弓を引いたばかりに、そんな悲惨な運命に見舞われたのだ、と声を大にして言いたかったに違

いない。

■新しい権力者・秀吉にすり寄る義昭

天正十六年一月、信長の後継者となった豊臣秀吉の計らいで、義昭は京へ戻ることを許される。このとき五十二歳。山城・槇島一万石を給された義昭は自主的に将軍職を辞するとただちに出家し、「昌山《しょうざん》」と号した。そして大坂城下に住み、関白《かんぱく》秀吉の御伽衆《おとぎしゅう》の一人として秀吉のご機嫌をうかがう日々を過ごす。

最大の宿敵・信長との足掛け十五年に及ぶ暗闘により、義昭は神経をすり減らしてしまったのであろう。自分が豊臣政権の権威づけに利用されることを百も承知で、新しい権力者（秀吉）の庇護《ひご》の下《もと》、余生を穏やかに過ごしたいと考えたに違いない。

名ばかりとはいえ前征夷大将軍の義昭と位人臣《くらいじんしん》を極めた関白の秀吉。征夷大将軍も関白も、相当する位階が設定されていない「令外官《りょうげのかん》」なので、どちらが「偉い」とは一概に言えないが、周囲の人々の目に映る二人の上下関係は明らかだった。

こんな話がある。

義昭が京に戻ってすぐ、大坂の宇喜多秀家《うきたひでいえ》邸において関白秀吉の御成《おなり》があった。もう間もなく秀吉がやって来るという刻限になると、義昭は屋敷の外にまで出て、恭《うやうや》しくかしこまって秀吉を出迎えたという。

このときの義昭の心情は察するに余りある。元はといえば、秀吉は信長の家臣、つまり、将軍である自分にとって秀吉は陪臣《またもの》の一人に過ぎないのだ。このとき義昭の腹の中は屈辱で煮えくり返っていたのだろうか。それとも、永い流浪生活から解放されて内心はほっと安堵《あんど》のため息をもらしていたのだろうか。こればかりは神のみぞ知るである。

朝鮮に侵攻《しんこう》した文禄《ぶんろく》の役《えき》（文禄元年＝一五九二）では、義昭は秀吉本軍の第二陣として嬉々《きき》として参加し、本営がある肥前《ひぜん》（佐賀）・名護屋城《なごやじょう》まで三千五百余の将兵を引率している。これが義昭の前征夷大将軍らしい最後の仕事だった。

慶長二年（一五九七）八月二十八日、義昭は背中にできた腫《は》れ物が原因で亡くなった。他人《ひと》をとことん利用し、他人にとことん利用された六十一年の生涯だった。

〝青い目の侍〟三浦按針が日本に遺していた意外な足跡とは

■大航海時代——ヨーロッパ各国が東洋へ進出

神奈川県横須賀市では毎年四月、桜の名所でもある塚山公園で盛大なイベントが催される。江戸時代初期、英国から日本に渡ってきた三浦按針《みうらあんじん》（英名ウイリアム・アダムス）の業績を称える「按針祭」がそれだ。伊東市でも毎年八月に「按針祭」が催され、パレードをはじめ英国国歌吹奏、関係諸国の大使による祝辞披露、コンサート、スポーツ大会、花火大会など盛り沢山の内容で、街は熱気に包まれる。

一人の外国人の業績を称えるイベントがこれほど盛大に、しかも継続的に行われる例は国内はもとより、海外でも珍しいはずだ。三浦按針とは一体何者なのか。江戸の初期、日本に渡って来たことは知っていても、その後彼が日本でどんな足跡を残したのか知っている人は少ない。按針と一緒の船で来日したヤン・ヨーステンのその後と一緒に振り返ってみよう。

ウイリアム・アダムスは一五六四年九月、英国はロンドンにほど近いケント州ジリンガム（現メドウェイ市）で生まれた。古代ローマ人が占有していた時代から漁港や貿易港として栄えた港街である。十二歳で父親を亡くしたアダムスは造船所に徒弟として入り、造船技術のほか天文学や航海術を学ぶ。

のちに海軍に入り、よほど優秀だったのか、二十代半ばの若さで英国艦隊の輸送艦の艦長に抜擢《ばってき》されている。その後、結婚して貿易会社に勤めたりするが、持ち前の冒険心を抑えきれず、航海を夢見るようになる。

当時、ヨーロッパ各国は、新大陸やアジアへの交易を活発化させようと、しきりに遠征隊を派遣し、大航海時代を迎えていた。

■按針とヨーステン、家康に謁見する
一五九八年、三十五歳になったアダムスはオランダの東洋派遣艦隊に志願し、五隻からなる船隊の主任航海長に選ばれる。同船隊はオランダ最初の太平洋回りのアジア渡航だった。当時のオランダはスペインからの独立を目指し、独立戦争の最中だった。ヨーロッパの新興国として列強に追いつき追い越せとばかりに東洋進出に躍起となっていたのである。

その年の六月、ロッテルダムを出航した船隊は、アフリカのギニアを経由して大西洋、南米南端のマゼラン海峡を通過し、太平洋へと出る。そのまま太平洋を一気に横断して東インドへ向かうはずだったが、途中、悪天候に見舞われ、五隻の船は一隻、また一隻と難破したり行方不明になったりする。

アダムスが乗っていた船「リーフデ号」だけが何とか無事だったが、それでも北へ北へと流され、結局、豊後《ぶんご》の佐志生《さしう》（現在の大分県臼杵《うすき》市）に漂着する。「リーフデ号」には当初、百十名の船員がいたが、漂流してから病気や飢えで亡くなり、漂着時は二十四名（漂着後さらに六名死亡）に減っていた。

その生き残った十八名の中にアダムスとオランダ人船員で貿易商のヤン・ヨーステンがいた。慶長五年（一六〇〇）四月のことである。かくしてアダムスは日本の地に最初に足跡を印した英国人となった。佐志生の人々は異国の衰弱した船員達に食べ物を与えたり、病気の手当てをしたりとまことに親切に介抱したと記録にある。

そのうち、大坂で取り調べを受けることになった。クワケルナック船長は病床にあったため、その代理として航海長のアダムスとヨーステンが大坂へ出頭した。当時、大坂城には徳川家康《とくがわいえやす》が滞在しており、関ケ原合戦を目前に控え、あわただしい日々を送っていた。

アダムスとヨーステンを謁見《えっけん》し、通訳（イエズス会の宣教師）を介して彼らから聞くヨーロッパの現状や戦争、最新の航海術や天文学などに関する話は家康にとって驚くことばかりだった。とりわけ、万里の波涛《はとう》をものともしないヨーロッパ人の冒険心にはいたく感銘を受けた。家康は「リーフデ号」の荷物に兵器が含まれていることを知ると五万両ですべての荷物を買い取るといい、同時にアダムスらの保護を約束した。

■徳川幕府の外交官として働いた青い目の侍

このとき家康はヨーステンに、ある依頼をしている。「リーフデ号」に搭載していた大砲五門を関ケ原に運ばせ、彼を臨時砲手として起用したのだ。九月の合戦ではこの大砲の威力が大きくものをいったという。

天下分け目の戦いにヨーロッパの最新兵器が使われていたとは意外な秘話だが、

それよりも勝つために打つべき手はすべて打つという家康の慎重さがしのばれて興味深い。

ヨーステンはこの功が認められ、家康の軍事・貿易顧問となり、江戸城前の江戸湾近くに屋敷を与えられる。ヨーステンは通称ヤヨース（耶楊子）と呼ばれ、そこから、彼が住んだあたりはのちに「八代洲」、さらに「八重洲」と呼ばれるようになる。

慶長八年、征夷大将軍となった家康はアダムスを江戸の日本橋に住まわせる。そして、江戸城に通わせ、幕府の幹部たちに造船技術や航海術、天文学、地理学、数学などを講義させた。

彼の部下の船員たちも江戸に呼ばれ、生活費も支給された。そのうち部下たちは全員帰国を認められ、アダムスも帰国を願い出たが、彼だけはそれを許されなかった。家康はアダムスの知識を惜しんだのである。

翌年、家康からヨーロッパ式帆船の建造命令がアダムスに下る。建造地に選ばれたのが、伊豆・伊東の松山河口だった。伊東は天城《あまぎ》の山林を控えており、造船職人が多く住んでいた。

アダムスはこの地で日本の職人の協力を得て、八十トンと百二十トンの二隻の帆船を完成させる。この出来事は日本の造船史上、特筆すべき快挙と言える。百二十トンの帆船はのちに太平洋を横断したという。

この功に対し、アダムスは家康から三浦半島の逸見《へみ》村（現横須賀市西逸見町）に二百五十石の領地と大小の刀、そして日本名・三浦按針を与えられる。〝青い目の侍〟の誕生である。

三浦は地名、按針は水先案内人や羅針盤という意味だ。按針の持つ豊富な造船技術や航海術に強い関心を持っていた家康は、日本におけるその分野での水先案内人になってほしいと願ったのである。その後、按針もヨーステン同様、日本人女性と結婚、のちにジョゼフとスザンナという二人の子をもうけている。

三浦按針が漂着して九年後の慶長十四年、オランダ船二隻が長崎の平戸に入港する。続いて、英国も自国出身のアダムスという男が日本の将軍に重用されていることを知り、慶長十八年に「クローブ号」を平戸に着岸させる。

そうなると按針の生活はあわただしさを増した。彼は英国・オランダ両国の商館がある平戸と家康の隠居地の駿府、そして江戸の間を行ったり来たりしながら、両外国対幕府の仲介役となって立ち働いた。こうして彼は「徳川幕府の外国人外交官」という特異な役回りを見事に演じきったのである。

さらに、日本人と一緒に琉球（沖縄）やタイに渡って交易を進めた。琉球からは甘薯《かんしょ》（サツマイモ）を持ち帰り、これがきっかけで日本全土に甘薯が普及した。とにかく、席の温《ぬく》もる暇もないほどの忙しさだった。平戸の自宅にいるときは手製の英国旗を掲げ、在宅のしるしとしたという。

■盟友の死で望郷の念を募らせるヨーステン

ところが、元和《げんな》二年（一六一六）、最大の理解者だった家康が他界すると、按針の活動が大きく制限される。幕府はキリスト教禁止令を出すなど外国人への態度を硬化させる。英国やオランダとの貿易も次第に縮小されていった。

按針は幕府の政策が理解できなかった。昔から「国と国との交流が平和をもたらす」という信念を持っていただけに、失望は大きかった。やがて、按針は病を発し、平戸で人生の永い航海を終える。元和六年四月、享年五十七。

按針が亡くなった後、平戸の商館は閉鎖。幕府は第一次鎖国令を発し、以後二百数十年、日本は世界の中で孤立の道をたどる。

さて、ヨーステン。家康に忠誠を誓った彼はその後、幕府から朱印状を与えられ、公認貿易商として日蘭貿易に従事する。日本人女性とも結婚し、現在のベトナム、タイ、カンボジアなどとの交易に活躍した。

こうして気がつけば約二十年間、ヨーステンは日本に留まった。ところが、盟友アダムスが亡くなると、自身の老いも手伝い、望郷の念が募るようになる。元和八年、ヨーステンは幕府へ帰国を願い出る。それが許され日本を出帆するが、途中のバタビア（現ジャカルタ）で帰国交渉が進まず、いったん日本へ戻ろうとする。その途中に船が難破し、水死した。生年が詳《つまび》らかでないため没年齢はわからないが、六十代後半と思われる。

東京駅地下街には八重洲の由来となったヤン・ヨーステンの胸像が飾られている。その東京駅丸の内側の駅舎は赤レンガの趣のある建物だが、実はアムステルダム中央駅がモデルになったという説がある。まさか、ヨーステンにちなんでオランダの駅舎を模した訳ではなかろうが、あたかも四百年前、故国オランダへ帰りたがったヨーステンの魂を慰めているかのようである。

史上最大の裏切り劇の主役・小早川秀秋の「それから」

■天下分け目の戦いで家康に勝利をもたらした男

戦国期を代表する「裏切り者」といえば、誰しも小早川秀秋《こばやかわひであき》の名をいの一番にあげるだろう。一時は豊臣家の跡継ぎ候補にもなりながら、天下分け目の関ケ原合戦では豊臣方を裏切り、敵方の徳川家康《とくがわいえやす》に勝利をもたらした秀秋。

彼の裏切りがなければ、のちの徳川の世は訪れなかったか、あるいは訪れたとしても、あれほどすんなりとは家康の手に天下の覇権《はけん》が移らなかったはずである。その意味では秀秋の裏切り行為はのちの日本の将来を左右したほどの大きな影響力をもっていたことがわかる。

そんな秀秋は、関ケ原の二年後にわずか二十六歳で早世《そうせい》した。その死因については、『備前軍記《びぜんぐんき》』などによれば、ある日鷹《たか》狩《が》りに出かけ、無礼討《ぶれいう》ちにしようとした農夫に反撃され股間《こかん》（睾丸《こうがん》）を蹴《け》られて悶死《もんし》した、小姓《こしょう》を手討ちにしようとして逆に返り討ちにあった、裏切り者といわれ続けたために酒におぼれて体を壊した、あるいは関ケ原で死んだかつての味方にあの世から呪い殺された——など様々な説があり、確かなことは不明だ。いずれにしろ股間を蹴られて死んだという説が出てくるほど小早川秀秋という武将は間抜けな男だったのだろうか。

本稿では秀秋の実像に迫りつつ、関ケ原から亡くなるまでの二年間という短い〝晩年〟をどう生きたかについて述べてみたい。

■三成への憎しみと家康に対する恩義のはざまで

小早川秀秋は天正五年（一五七七）の生まれ（天正十年説もあり）で、関ケ原のときは二十四歳、死亡したのは二年後の慶長七年（一六〇二）のことである。豊臣《とよとみ》秀吉《ひでよし》の妻北政所《きたのまんどころ》の兄木下家定《いえさだ》の子で、天正十三年に義理の叔父《おじ》である秀吉の養子となり、元服《げんぷく》後、羽柴秀俊《はしばひでとし》を名乗る。

このころから、秀秋同様秀吉の養子となっていた豊臣秀次《ひでつぐ》に次ぐ豊臣家の有力な後継者候補と周囲からみられたが、文禄二年（一五九三）、秀吉に実子秀頼《ひでより》が誕生すると運命が急転。翌年、秀吉の命により小早川隆景《たかかげ》（毛利元就《もうりもとなり》の三男）と養子縁組をさせられ、小早川秀秋となった。

文禄四年、隆景の隠居により、その所領であった筑前《ちくぜん》（福岡）・名島城主となり、三十万七千石を相続する。

慶長二年、二十一歳になった秀秋は日本軍の総大将として朝鮮出兵に参加。秀秋にとっては初陣《ういじん》である。このときの蔚山城《うるさんじょう》の戦いで秀秋は、敵軍に包囲され全滅の危機に瀕《ひん》していた加藤清正の軍勢を救うため、自ら槍《やり》を引っ提《さ》げて敵の包囲網を蹴散らし、敵将を生け捕りにするという華々しい活躍をみせている。

のちにこのことを伝え聞いた秀吉から「大将のすることではない」と秀秋は厳しく叱責《しっせき》されたそうだが、後世の小説やドラマでよく知られた「臆病者《おくびょうもの》」というイメージからは程遠い勇猛果敢さだ。

ところで、これまで通説とされてきた天正十年誕生説をとった場合、この朝鮮出兵の際は十六歳ということになる。

慶長三年八月に秀吉が亡くなると、秀秋は筑前に戻り、朝鮮の役《えき》で疲弊《ひへい》した領国を立て直すために「年貢《ねんぐ》の免除」など農村の復興に務めている。

そして運命の関ケ原合戦（慶長五年＝一六〇〇）。秀秋は一万五千余の大軍勢を率いて西軍（豊臣方）に参加した。このときの秀秋の心はすでに西軍から離れており、九分九厘、東軍（徳川方）に味方する腹積《はらづ》もりだったとみられている。

なぜなら秀秋には、秀頼が誕生して以来、叔父秀吉から疎《うと》んじられてきたという実感があり、もうひとつ、家康に大きな「借り」があったことも見逃せない。それは朝鮮の役に遡《さかのぼ》る。蔚山城での活躍を評して石田三成《いしだみつなり》が「大将の器に非ず」と秀吉に言上《ごんじょう》した。そのため秀秋は秀吉の怒りを買い領国筑前を召し上げられ越前《えちぜん》（福井）への大減封の国替えを命じられてしまう。

なにもかも三成の讒言《ざんげん》（人を陥《おとしい》れるために事実を曲げて目上の人に報告すること）によるものだと思い込んだ秀秋は、のちに伏見城で三成と出会った際、怒りにまかせて三成を斬ろうとさえした。それを制したのが、たまたまその場に居合わせた家康である。このとき家康のとりなしがなければ、秀秋の運命はもっと悲惨なものになっていたはずである。これが「借り」の一つ。

さらにまた、秀吉が病死したためにその国替えはなされなかったが、のちに家康が五大老の名において、筑前は元通り秀秋のものであると宛行状《あてがい》を出したことで、秀秋は家康に二つめの「借り」をつくってしまったのである。つまり、三成は自分を讒言によって追い落とそうとした憎い男であり、一方の家康は自分の窮地を二度も救ってくれた大恩人であったわけだ。このときの秀秋の心情を思えば、関ケ原での寝返りは全面的に味方を裏切る卑怯な行為であるとは言い切れないように思えるが、いかがだろう？

■城下町や農地の整備で岡山の礎を築く

関ケ原の戦いが終結後、秀秋の軍勢はただちに三成の父石田正継《まさつぐ》が守備する佐和山城を攻めている。堅城をうたわれた佐和山城だったが、秀秋軍はこれに猛攻撃を仕掛け、わずか半日で陥落《かんらく》させている。城攻めにおいても秀秋は凡将でなかったという証明だ。

こうした活躍もあり、戦後の論功行賞において秀秋は旧宇喜多秀家《うきたひでいえ》領の岡山藩五十五万石に加増・移封された。

岡山に入った秀秋は、居城の岡山城を改築するとともに、領内の総検地の実施、寺社の復興、農地整備など急速な近代化を推進した。文字通り、岡山の礎《いしずえ》を築いたといっても過言ではないのだ。最も有名なのは「二十日堀《はつかぼり》」で、従来の岡山城の外堀の外側に、新たに二倍の幅を持つ総延長約二・五キロメートルの堀をつくって城下町の拡大を図った。この工事には領内から多くの人々を動員し、わずか二十日間で完成させたという。

小早川秀秋といえば、その没後、「裏切り者」「日和見《ひよりみ》」「臆病で暗愚《あんぐ》」……などと様々なマイナスイメージで語られてきたが、そうしたイメージと、かつての領国筑前やこの岡山でみせた数々の見事な政治手腕とはどうしても相容《あいい》れないものがある。この齟齬《そご》は一体なぜ生まれたのだろうか。

江戸の世になり、豊臣恩顧《おんこ》の大名たちが軒並み冷遇されたり、家を取り潰《つぶ》されたりしたことからもわかるように、ときの権力者がかつて自分が服従した為政者を殊《こと》更《さら》悪く言い立てるのは世の常だ。現在の為政者である徳川が喜ぶように豊臣の縁につながる秀秋を悪者に仕立てたということは十分考えられる。若くして急死し、その死の真相が謎に包まれていることもあって余計に話に尾ひれが付いてしまったのだろう。

大坂夏の陣で滅んだ豊臣氏の遺児たちは、その後どうなったか

■千姫の嘆願もあって助命され鎌倉の縁切り寺へ

慶長二十年（一六一五）五月八日未明、豊臣秀頼《とよとみひでより》は母の淀殿《よどどの》と共に燃え盛る大坂城内で自害して果てた。一説に、このとき秀頼と淀殿は無事に城を脱出したという。二人の遺骸が見つからなかったことや現場の地形から出た説だが、淀川から舟で海上に逃れ、薩摩へ落ち延びたとされている。

また、真田《さなだ》一族に守られ薩摩から琉球、東南アジアへ渡ったとの説もある。むろん、俗説の域を出ないが、源　義経《みなもとのよしつね》と同様、若くして命を散らした悲運の貴種《きしゅ》に対する世間の判官贔屓《ほうがんびいき》がこうした俗説を生んだことは間違いない。

ところで、この秀頼には側室に生ませた二人の子があったことをご存じだろうか。一人は長男国松、このとき八歳。大坂夏の陣後、京都・伏見町の商家に潜んで

いたが、探索にあい、京都所司代・板倉勝重《いたくらかつしげ》に身柄を送られる。そして五月二十三日、洛中を引き回された後、六条河原で処刑された。このときの国松の振る舞いを『パゼー日本耶蘇《やそ》教史』は、

「この勇敢なる小児は、その最期に臨《のぞ》みて内府《ないふ》様（家康）の、太閤様及び秀頼に対する背信の罪を責め、勇ましく頭を差し延べて斬首せられたり」

と感嘆をもって伝えている。

もう一人の子は女で、当時七歳の結《ゆう》姫である。こちらは国松より先に探し出された。結姫は女子であり、千姫（徳川秀忠の娘）の嘆願もあって助命され、縁切り寺として知られる鎌倉の東慶寺《とうけいじ》に入れられる。このとき幼い結姫は家康から望みを聞かれ、

「開山以来の寺法が途絶えることがないように」

とはっきり答えたという。つまり、不幸な女人を救済するという寺の伝統を存続させてほしいと願ったのである。七歳とはいえ、さすがに天下人の血縁であった。

家康はこの願いを快諾した。

寺に入った結姫は天秀尼《てんしゅうに》と号した。のちの二十世天秀法泰《ほうたい》大和尚である。天秀尼

は縁切り寺法の確立と寺の隆盛に生涯を捧げた。寛永二十年（一六四三）には、会津藩の老臣堀主水《ほりもんど》の妻子が東慶寺に逃げ込むという事件があった。

■謎の二人目の男子は僧侶になっていた？

堀は藩主加藤明成《かとうあきなり》の苛政《かせい》を諫《いさ》めたために国を追われたのだった。明成は追っ手を差し向けて妻子らの身柄を拘束しようとしたため、天秀尼は千姫（天樹院）に訴え、明成を所領没収に至らしめている。

この事件があって二年後、天秀尼は三十七歳の若さで没した。

一説に、秀頼にはこの二人以外に、もう一人、男児があったという。それが浄土宗の僧、求獣上人《きゅうえんしょうにん》である。上人は元禄のはじめ、八十歳で亡くなったが、臨終に際して弟子に、自分は秀頼の次男であり、落城の折は三歳であったこと。その後、しばらくは江戸に隠れていたが、増上寺の学僧となったことなどを告白した。

この逸話は『浄土本朝高僧伝』に記録されている。これは確度が高い話だ。求獣は僧侶であり、臨終の場面で嘘をつく必然性も見当たらないからだ。求獣は壮年時、秀吉が築いた伏見城跡に立ち、無常観に胸を塞《ふさ》がれはらはらと落涙したという。

赤穂事件後の浅野家、大石家、吉良家それぞれの顛末

■広島の浅野本家へお預けとなった養嗣子・大学長広

元禄十四年（一七〇一）三月十四日、江戸城中において一大事が出来《しゅったい》する。播磨《はりま》赤穂藩主浅野《あさの》内匠頭《たくみのかみ》長矩《ながのり》が幕府の礼式を司《つかさど》る高家筆頭吉良《きら》上野介《こうずけのすけ》義央《よしひさ》に対し、突然刃傷《にんじょう》に及んだのである。これにより、内匠頭は即日切腹を命じられ、赤穂浅野家は断絶と決まる。一方、軽傷を負った上野介にお咎《とが》めはなかった。

翌年十二月十五日未明、亡君内匠頭の仇《あだ》を報ぜんものと大石《おおいし》内蔵助《くらのすけ》良雄《よしお》ら旧赤穂藩の家臣四十七人が、江戸本所にあった吉良邸に討ち入る。押し入ってから約二時間後、浪士らは首尾よく上野介の首をあげる。その後、幕府に自首して出た浪士達は「徒党を組んで御府内を騒がせた罪軽からず」として、全員切腹を命じられる。これが赤穂事件の顛末《てんまつ》である。史上有名な事件だけに、ここまでは誰でも知って

赤穂浪士を引き連れ吉良邸に討ち入った大石内蔵助

いるだろう。しかし、事件の当事者や身内がその後どんな運命をたどったのか、意外に知られていない。本稿では「忠臣蔵」外伝として、そのあたりを探ってみよう。

まず、赤穂浅野家について。江戸城中において内匠頭が刃傷に及んだことを伝え聞いた実弟の長広《ながひろ》は即座に鉄砲洲の上屋敷に駆け付け、内匠頭夫人の阿久利《あぐり》に事件を報告した。

長広はこのとき三十二歳。一時、赤穂領のうち新田三千石を分地してもらい、幕府旗本寄合に列していたが、二十六歳のとき内匠頭が大病を患い、世継ぎのない内匠頭の養嗣子《しし》となった。

阿久利は最初こそ取り乱した素振りを見せたものの、黙って話を聞き終えると、喧嘩相手の吉良の生死を長広に問い質《ただ》した。一瞬、ぽかんとする長広。事の重大さにあわてふためき、肝心のことを確かめていなかったのだ。

「そんなことで内匠頭さまの御舎弟《ごしゃてい》と言えるのですか」

阿久利は義弟に向かい冷ややかにそう言い放つと、以後、長広との交際を断ったという。

その後、赤穂浅野家は城地召し上げとなり、長広も閉門を命じられ、木挽《こびき》町の屋敷に引き籠った。大石内蔵助らは大学を跡目に立てて浅野家再興の運動を展開するも、一向に進展は見られなかった。そのうち長広は閉門を許され広島の浅野本家へお預けとなる。元禄十五年七月のことだ。ここに赤穂浅野家再興の望みは完全に断たれてしまった。

広島に移った長広は本家から屋敷を賜《たまわ》り、米千俵を支給される。その後、大赦《たいしゃ》によってお預けを解かれるまで広島で過ごす。宝永七年（一七一〇）、本家の斡旋《あっせん》で六代将軍家宣《いえのぶ》にお目見えが適い、旗本寄合に復帰する。知行は五百石だった。こうして大石らが願った浅野家存続は、大名ではないが旗本として達せられた。大石らが切腹して七年後のことだった。

■大赦の報を待たず亡くなった次男吉千代

浅野長広は享保十九年（一七三四）、六十五歳で亡くなった。遺体は兄長矩と同じく泉岳寺に葬られた。長広の子孫はその後連綿と続いたが、十一代目浅野長楽《ながら》に世《せい》嗣《し》がなく、昭和六十一年（一九八六）に再び断絶の運命に見舞われた。

なお、内匠頭《たくみのかみ》の正室、阿久利のその後だが、夫が亡くなると実家である三次《みよし》（備後国）浅野家に引き取られた。髪を落とし、瑤泉院《ようぜんいん》と称して夫の菩提《ぼだい》を弔いながら事件に連座した人たちの助命嘆願運動に努めた。冷静沈着な人柄で賢夫人であったという。正徳四年（一七一四）、四十六歳で亡くなった。

討ち入りを成功へと導いた大石内蔵助――。大石家のその後だが、大石には三男二女があった。十五歳の長男主税《ちから》は内蔵助と運命を共にしたため、あとには二男二女が残った。

元禄十五年十月、妻のりくは次男吉千代を僧籍に入れる。討ち入りがあった際、連座から免《まぬか》れるためだった。しかし、七年後、大赦の報を待たず十九歳の若さで吉千代は亡くなる。これで男子は三男の大三郎しかいなくなった。

大三郎は元禄十五年七月、但馬《たじま》の外祖父石束《いしづか》源五兵衛の屋敷で誕生したが、すぐに丹後国（京都北部）に住む眼医者の家へ里子に出されている。これも連座から免れるためだった。

ところが、赤穂浪士の遺児に対する幕府の追及は厳しく、大三郎の存在はすぐに露顕してしまう。元禄十六年三月、大三郎は石束家に連れ戻され、十五歳になった時点で遠島と申し渡される。しかし、宝永六年（一七〇九）の大赦《たいしゃ》によって放免となり、その四年後、十二歳で広島の浅野本家に召し抱えられる。

大三郎は母りくを伴って広島に入り、父と同じ千五百石を頂戴する。元服前の少年がこれだけ高禄で召し抱えられたのは当時、赤穂浪士が世間のヒーローとしてもてはやされていた証拠と言える。

大三郎は十六歳で元服し、旗奉行次席、番頭、留守居番頭、表番頭などを歴任した。三男六女をもうけ、この大三郎の子孫が代々続き、現在、内蔵助から十一代目を数える。

■信州へ流された吉良家の跡取り

最後に、赤穂事件のもう一人の主役である、吉良家のその後について触れておこう。討ち入り当時、吉良家の当主は十七歳の吉良左兵衛義周《よしちか》である。義周は上野介の孫に当たる。父は米沢藩主で吉良家から入った上杉綱憲《つなのり》である。五歳のとき上野介の養子となり、殿中において上野介が内匠頭に斬り付けられた年の十二月、吉良家を相続した。

討ち入りの際は赤穂浪士を迎え討ち、薙刀《なぎなた》を振るってよく奮戦したが、額《ひたい》を斬られて昏倒《こんとう》し死を免れる。翌年二月四日、赤穂浪士が切腹して果てたその日、義周は評定所に呼び出される。

義周は大目付仙石伯耆守《せんごくほうきのかみ》より、討ち入りの折、父上野介を守りきれなかったのは子（実際は孫だが養子縁組をしているため）として武士にあるまじき所業だと責められ、領地召し上げと諏訪安芸守《すわあきのかみ》へのお預けを申し渡される。

この裁きはどう考えても無茶苦茶だった。こちら（吉良側）は一方的に屋敷に押し入られ、主人の首まで取られた被害者なのだ。現代の法律であれば、吉良はけっして処罰の対象にならなかったはずだ。

このような理不尽な裁きが是認されたということは、当時、いかに赤穂浪士に対する同情論が沸騰していたかがわかる。

こうして義周は信州高島城へ護送される。当時、信州は罪を犯した武士の配流先であった。

道中、義周は罪人用の唐丸籠《とうまるかご》に乗せられたという。供は吉良家家老左右田《そうだ》孫兵衛と上杉家からつかわされた山吉新八郎の二人のみ。持参を許された家財道具は上野介の妻富子《とみこ》のたっての願いにより、寝具などを入れた長持三棹《さお》とつづら一個の計四つのみという質素なものだった。

義周主従は高島城南丸に居住し、流刑人として辛い日々を過ごす。四六時中、番人が付き監視を受けた。月代《さかやき》や髭《ひげ》が伸びても、自決されないために剃刀《かみそり》の使用が許されず、鋏《はさみ》で切ることを命じられた。

衣類の着替えや寝間着の着用もならず、洗濯も禁止。また、どんなに寒くても、火鉢・炬燵《こたつ》もあてがわれなかった。生来、病弱な義周だけに、日に日に体力は失われていった。

幽閉三年目の宝永二年十二月一日、義周は病に倒れる。そのまま寝つき翌年一月二十日、二十一年の短い一生を閉じる。ここに鎌倉以来の名門吉良家は断絶した。

遺体はただちに塩漬けされ、幕府の検使を迎えて検分を受けた後、諏訪法華寺《すわほっけじ》に葬られた。

「鳥羽・伏見の戦い」後、新選組隊士がたどったそれぞれの軌跡①

■甲陽鎮撫隊を組織して官軍と戦った近藤勇

幕末動乱期を閃光《せんこう》のごとく駆け抜けた新選組。若い隊士たちのひたむきな生き方にあこがれを抱く人々は百数十年たった今もけっして少なくない。それが証拠に、近藤勇《こんどういさみ》や土方歳三《ひじかたとしぞう》、沖田総司《おきたそうじ》らの墓前には香華《こうげ》の絶えることがないという。

特に、近藤、土方、沖田の三人は新選組を旗揚げする以前からの盟友同士で、結びつきは深かった。『三国志』に登場する劉備玄徳《りゅうびげんとく》と関羽《かんう》、張飛《ちょうひ》の「桃園《とうえん》の契《ちぎ》り」ではないが、「生まれるときは違っても、死ぬときは一緒」という義兄弟の間柄だった。

しかし、実際は三人一緒に枕を並べて死ぬことはなかった。新選組を壊滅に追い込んだ鳥羽・伏見の戦い（慶応四年＝一八六八）の後、三人は一体どんな軌跡をたどったのだろうか。

まず、近藤勇。鳥羽・伏見の戦いで敗れた後、土方らと江戸へ脱出する。江戸で二百の兵を集めた近藤は、官軍を迎え討つために甲陽鎮撫《ちんぶ》隊を組織し、土方と甲府へ向かう。ところが、甲府に着くとすでに官軍によって市中は占拠されていた。近藤らは戦を仕掛けるも、兵力の差はいかんともしがたく、官軍に追い立てられ、江戸へと敗走する。

近藤と土方はそのまま下総《しもうさ》流山（千葉）にまで移動。流山に入ったのはその年の四月二日だった。ほっと一息つく間もあらばこそ、翌早朝、突如、官軍によって流山は包囲されてしまう。二進《にっち》も三進《さっち》もいかなくなった近藤は「わしに任せておけ」と土方らに言い残し、一人、紋付に威儀を正して官軍の中へ入っていった。

近藤は官軍のしかるべき幹部の前に進み出ると、自分は甲陽鎮撫隊隊長・大久保大和《やまと》だと名乗った後、「過激な旧幕軍を説得して鎮《しず》めるために自分はここへ来ただけである。官軍に楯《たて》突く気持ちなどは毛頭ない」と弁明した。ところが、近藤にとって不運だったのは、新選組として勇名を誇っていたころの近藤の顔を知っている者が官軍の中にいて、たちまち偽名だということが露顕してしまう。

近藤は縄を打たれ、そのままのみじめな格好で板橋の東山道総督府本営に護送される。到着するとすぐに厳重な取り調べが待っていた。訊問《じんもん》には薩摩、長州、土佐など諸藩の代表が立ち会った。

■近藤は板橋で処刑され首が京都で晒される

薩摩藩などは近藤に同情的で何とか助命したいと考えたが、土佐藩の強引なねじこみによって、近藤は打ち首と決まる。武士としての最期――切腹さえも許されず、そのへんのならず者と同様の罪人扱いであった。

近藤に対するこの酷《むご》い仕打ちは、当時、京都・近江屋《おうみや》において土佐の坂本竜馬と中岡慎太郎を暗殺したのが、新選組の仕業《しわざ》だと思われていたことに起因している。たまたま、近藤の訊問に当たった土佐藩の谷干城《たにたてき》や香川敬三《かがわけいぞう》らは、竜馬や慎太郎の子分のような存在で、「親分の仇を討つのはこのとき」と息巻き、総督府を動かしたというのが真相だ。

こうして、近藤の処刑は四月二十五日と決まった。その幽閉中に、近藤は「只将《ただまさ》に一死をもって君恩に報いん」といった内容の詩を作り、自らの心情を吐露している。

理想の武士の姿を追い求めた近藤勇

「君恩」とはむろん、徳川家の恩ということだ。近藤はもともと農民の出身だけに、武士に強いあこがれを持ち、行住坐臥《ぎょうじゅうざが》、理想の武士たらんと努めた。薩長に攻められ、徳川家の旗本や御家人が真っ先に戦を放棄する中で、皮肉にも農民出身の近藤は最期の最期まで「武士の意地」を貫いたのである。

板橋刑場で処刑されたとき、近藤は三十五歳。落とされた首は酒に浸けたまま京都へ送られ、三条河原で晒《さら》された。つい数カ月前まで京洛《きょうらく》を震え上がらせた近藤勇の首だというので、三条河原は連日大変な騒ぎだったという。

ここで、後日談がある。処刑後、東山道総督府から徳川家に報告がなされた。徳川家の返事は、「右、近藤勇の儀は、先達脱走に及び候者にて、当家は更に関係つかまつらず……」。つまり、そんな男はもはや徳川家と何の関係もない、と見捨てられてしまったのだ。トカゲの尻尾《しっぽ》切りと言ってしまえばそれまでだが、「君恩」に報いようと懸命に働いた男の末路がこれではあまりにも憐れである。

■味方の救援に向かう途中で命を落とした土方

一方の土方歳三。京都にあっては「局中法度《はっと》」と呼ばれる厳しい規則を作り、新選組の実質的な支配者として君臨した男だ。彼は近藤勇が流山で官軍に捕らえられると、いったん江戸へ出て、近藤の救出のために勝海舟を頼ろうとするが、これは失敗に終わる。その頃、勝は江戸明け渡しの交渉で忙しく、それどころではなかったのである。

そこで土方は江戸を脱出し、市川の国府台へ向かう。この付近に旧幕軍が続々と集結しており、その数は三千にものぼった。首領格は旧幕府歩兵奉行の大鳥圭介《けいすけ》で、その大鳥から請《こ》われ、土方は参謀となる。

四月十三日、全軍は北上を開始する。官軍に抵抗していた会津を頼って共闘態勢に入るのが進軍の目的だった。しかし、途中の宇都宮で官軍の激しい抵抗に遭い、ようやく到着した会津でも兵力、火力ともに優勢な官軍の前に為すすべなく敗退する。土方は官軍によって会津が占領されそうになると、米沢、続いて仙台へと走り、奥羽列藩同盟を楯に共闘を呼びかけるが、頼みの両藩はすでに官軍への恭順を決定していた。

ここに至り、進退きわまった土方だったが、たまたま、仙台の松島湾に江戸から逃れてきた旧幕府軍副総裁・榎本武揚《えのもとたけあき》が八隻の軍艦を率いて停泊していることを知り、大鳥圭介らと共にこの軍艦に身を投じ、蝦夷地《えぞ》（北海道）へと落ちていく。

蝦夷に入ったのは十月二十日。二十六日には榎本軍三千は箱館（函館）の五稜郭《ごりょうかく》を占領し、ここを本拠地と定める。榎本はすぐに「蝦夷共和国」樹立を宣言、土方を陸軍奉行に任じ、軍事権の一切を委ねる。

翌年四月二十九日、春の到来を待っていた官軍は大軍で箱館へ押し寄せた。もはや、五稜郭に立て籠《こも》る箱館軍には降伏か、抗戦の果ての総玉砕《そうぎょくさい》かの二者択一しか残されていないことは誰の目にも明らかだった。

五稜郭内でも、投降か抗戦かをめぐり幹部たちの間で激論が展開された。席上、土方は徹底抗戦を主張して譲らなかった。今や臆病風に吹かれている幹部連中の顔を見回すと、

「官軍と和睦でもすれば、あの世で近藤に合わせる顔がない」

土方は決然とこう言ったという。

五月十一日、午前三時に官軍の総攻撃が始まった。海からの艦砲射撃《かんぽうしゃげき》を交え、弾丸が雨あられと五稜郭に降りそそいだ。午前八時ごろになって、土方とはずっと行動を共にしていた旧新選組ら二百の兵が海岸で孤立していることを知り、土方は一

官軍と戦い箱館で散った土方歳三

隊を率いて救出に向かう。しかし、これがアダとなった。

一本木関門から更に異国橋付近に進んだところで、土方は腹部に一発の敵弾を受け、馬上から転げ落ちる。傍らにいた隊士が駆け寄って抱き起こしたが、すでに絶命していたという。享年は近藤と同じ三十五歳だった。

■いったん剣を抜けばすさまじい働きをみせた沖田

三兄弟の最後の一人、沖田総司のその後はどうだろう。沖田総司といえば、ひとかどの剣士が集まった新選組にあって抜群の腕前を誇り、盟友で剣の師匠の近藤勇でさえ、一目も二目も置いていたほどの剣の遣《つか》い手だ。

それほどの剣術名人であれば、人を寄せ付けない狷介孤高《けんかいここう》の人柄を想像しがちだが、実際の総司はいつも笑顔を絶やさない、誰からも好かれる好青年だったという。

京都・壬生《みぶ》村で新選組屯所《とんしょ》となった八木家の記録にも、総司については、「よく冗談を言って真面目になっていることがほとんどなかった」とか、「近所の子供を相手に往来で鬼ごっこをしたり、壬生寺の境内《けいだい》を駆け回ったりして遊んだ」とその気さくな人柄が語られている。

そんな総司だが、いったん剣を抜くと、鬼神も三舎《さんしゃ》を避けるほどのすさまじい働きをみせるものだから、周囲の人は皆驚いたという。

鳥羽・伏見の戦いのとき、沖田総司は二十五歳。このころ労咳《ろうがい》（肺結核）を病んでおり、総司自身、この戦に参加することはなかった。戦で敗れた新選組の生き残りは大坂から幕府の軍艦・富士山丸に乗り、江戸へ向かった。船には近藤勇や土方歳三、そして総司もいた。

総司は、船中では寝たきりの状態だったが、相変わらず冗談を言い、暗く沈みがちになる新選組の仲間を笑わせた。のちに近藤は妻のツネに、

「あんなに死に対して悟りきった奴も珍しい」

と、しみじみ語ったという。

一月十五日、船は品川に到着。重病の総司はただちに神田和泉橋にあった医学所へ入れられる。しかし、容態は悪化の一途をたどった。二月末、千駄ケ谷の植木屋平五郎の離れへ移る。引き移ってすぐ近藤勇が見舞いに訪れている。

近藤は見舞金十両を総司の枕元に置くと、

「われらはこれから甲州城を奪うつもりだ。それまで達者でいろよ」

そう元気づけた。しかし、近藤は当時二十騎町にあった自宅に戻ると、妻ツネに、「骨と皮ばかりになった総司の顔を見ていたら、おれは涙が止まらなかった」と正直に告白している。近藤にとって総司は実の弟も同様だった。この日が総司との今生《こんじょう》の別れになると近藤は悟ったはずである。

病床の総司を看病したのが、実の姉のきんであった。彼女は新選組の幹部を匿《かくま》っていることが周囲に漏れると官軍に踏み込まれかねないため、人知れず、それでいて献身的に総司の看病に当たった。

四月二十五日、近藤勇が板橋で処刑されたが、きんはそれを弟に告げなかった。その日以来、総司はなにやら胸騒ぎを覚えたらしく、

「先生はどうされたのだろう。お便りは来ませんか」

と、きんにしきりに話し掛け、近藤の消息を知りたがったという。

それから約一カ月後の五月三十日、夕方になって総司は静かに息を引き取った。いかな天才剣士も労咳という死病相手では勝手が違ったようである。

「鳥羽・伏見の戦い」後、新選組隊士がたどったそれぞれの軌跡②

■新選組の生き証人として回想録を残した永倉新八

近藤、土方、沖田の三人以外の主な新選組隊士のその後も追ってみた。

沖田総司《おきたそうじ》と同様、新選組では剣の達人として知られ、新選組創設以前から近藤、土方、沖田らと親交があった人物に、永倉新八《ながくらしんぱち》がいる。父は松前藩の江戸詰めで百五十石をもらっていた中級藩士だ。新八は十九歳のときに剣の道を究《きわ》めようと脱藩し、各地を道場破りして歩くうち、多摩で道場を開いていた近藤と知り合い、交わりを深めていく。

その後、新選組に身を投じた新八は、池田屋騒動や蛤《はまぐり》御門の変などで大活躍し、新選組にその人ありと知られるようになる。鳥羽・伏見の戦い後は近藤らと江戸へ戻り、甲州攻めにも加わっている。その後、近藤や土方と別れ、旧幕軍に入って宇都宮、会津と転戦。戦に敗れると新八は江戸に逃げ帰り、出身の松前藩に帰参する。藩医の杉村松柏《すぎむらしょうはく》の養子となり、杉村義衛《よしえ》と名乗った。

その後、北海道で剣道師範などを手掛け、大正四年（一九一五）、七十七歳で天寿を全《まっと》うする。晩年、新選組時代の回想録を地方新聞に連載。新選組の生き証人として果たした功績は大きい。

原田左之助《はらださのすけ》も新選組の中では特異なキャラクターである。左之助は伊予藩の足軽の子だった。多摩時代から近藤らと付き合いがあり、後に新選組の幹部の一人となる。芹沢鴨《せりざわかも》一派の粛正《しゅくせい》など新選組が関わった主な事件には必ずと言ってよいほど左之助も加わっている。

鳥羽・伏見の戦い後、近藤らと行動を共にしたが、甲州攻めの後、近藤・土方と喧嘩別れし、永倉新八と共に会津に向かう。ところが、その途中に左之助は自分だけさっさと江戸へ引き返してしまう。京都に残してきた妻子への未練につきうごかされたからであった。

しかし、江戸に戻ってみると、すでに市中は官軍によって占拠され、身動きがとれない。そこで左之助は旧幕臣の彰義隊に参加し、上野戦争で奮戦するも、五月十七日、戦死。二十九歳だった。

ところが、左之助には異説があり、上野戦争を生き延び、中国大陸へ渡って馬賊になったというのだ。明治四十年（一九〇七）ごろ、故郷の松山にフラリとやってきた左之助は親戚と会い、中国では日清、日露戦争で後方から日本軍に貢献したと活躍ぶりを面白おかしく語り終えると、そのまま飄然《ひょうぜん》と満州へ舞い戻って行ったという。真偽はともかく、いかにも、豪放磊落《ごうほうらいらく》な左之助にふさわしい逸話である。

鳥羽・伏見の戦いで怪力ぶりを発揮した島田魁《しまだかい》の晩年は恵まれなかった。

薩摩勢と戦って退却する際、武装が重く塀を乗り越えられないでいた永倉新八を、島田は塀の上から銃を差しのべ、ヒョイと引っ張り上げたのである。その場にいた隊士は皆その怪力に目を見張ったという。

そんな島田は美濃の郷士出身で、大垣藩士島田の養子となり、のち脱藩して新選組に加わった。鳥羽・伏見の戦い後、甲州攻め、会津戦争、箱館戦争と従軍している。まことに律儀な男である。

箱館降伏後、捕らえられたが、明治六年に赦免される。その後、京都で雑貨屋を開いたが、武家の商法で、こわもての主人が客より威張るものだからはやる道理がなかった。そこで剣道場を設けてみたが、文明開化の世に剣を習いにくるような物好きはいなかった。島田は食うために仕方なく西本願寺の夜警の仕事にありつく。

明治三十三年三月、島田魁は西本願寺の境内で倒れる。数々の戦闘で勇猛ぶりをうたわれた男のさびしい結末だった。享年七十三歳。

■斎藤一は幸せな結婚、恵まれた晩年を送る

会津戦争で新選組の事実上の指揮官だった人物に、山口次郎がいる。といってもなじみがないかもしれないが、実は京都・新選組時代、幹部だった斎藤一《さいとうはじめ》の後身である。斎藤は播州明石浪人と称し、壬生浪士時代に採用された。この斎藤がいつ山口次郎と改名したかは定かでない。

会津戦争で生き延びた山口は、降伏した会津藩士らと行動を共にし、斗南《となみ》(青森県下北半島)へ流されると厳しい自然環境の中で開墾《かいこん》作業に従事した。その後、明治十年ごろに警視庁に勤務し、結婚。元会津藩主・松平容保《まつだいらかたもり》が仲人を買って出た。警視庁を退《しりぞ》いてからは東京教育博物館看守、剣道師範、女子高等師範の書記を勤めるなど、生き残った新選組隊士の中では恵まれた余生を送る。

大正四年九月、七十一歳で死亡。死期を悟ったのか、床の間にきちんと正座すると、そのまま眠るように息を引き取った。まことに剣客らしい最期であったと伝えられる。

■強盗を追い払うため商家の用心棒になった隊士も

このほか、維新を生き延びた新選組隊士には、僧侶となって戦死した隊士の霊を弔った立川主税《たちかわちから》、亡き隊士の面影をしのびその姿を絵筆にとどめ、後に銃砲店を開いた中島登《なかじまのぼり》、明治になって頻繁に出没した押し借り強盗を追い払うために商家の用心棒になった谷万太郎などがいた。

また、土方歳三の従者で、五稜郭が陥落する際、土方から肖像写真と毛髪を託され自分の故郷に届けるよう依頼された少年隊士（当時十六歳）の市村鉄之助の場合、土方との約束を果たした後、西南戦争に従軍しそこで戦死している。

坂本竜馬横死後の海援隊に何が待ち受けていたか

■日本初の株式会社の誕生

坂本竜馬が設立した「海援隊」は政治結社と商社が合体したような組織だった。この海援隊を足がかりに今日の商社のような世界貿易を構想した竜馬。しかし、彼自身、凶刃《きょうじん》に倒れ、その夢もついえてしまう。その後、リーダーを失った海援隊はどんな運命をたどったのだろうか。

海援隊は「亀山社中」が母体になって発足した。亀山社中は慶応元年（一八六五）閏《うるう》五月、幕府の直轄施設・神戸海軍操練所に学んでいた生徒の一部と坂本竜馬一派が結び付き、操練所の解散をきっかけに長崎・亀山で誕生した。薩摩藩の援助を受け、交易の仲介や物資の運搬で利益を得ることが設立の目的だった。日本最初の株式会社といわれ、薩長両藩と越前福井藩が株主になっている。

わが国最初の株式会社を設立した坂本竜馬

二年後の四月、亀山社中は土佐藩の支配下に入り、海援隊として再編成される。亀山社中時代は薩摩藩から報酬を受けていたが、海援隊になってからは自給自足となった。この時点で隊士は二十人ほどとみられ、出身も脱藩者、下級武士、農民、町民など様々な階層の者がいた。組織のざん新なことは、「本藩（土佐藩）を脱する者、他藩を脱する者、海外に志ある者」を隊員とすることが「海援隊規約」に明文化されていることでもわかる。幕藩体制下の当時としては考えられない自由さだった。

隊士はいずれも優秀で、ほとんどが航海術のほか、算術、天文学、気象学など西洋の学問を身に付けていた。なかにはオランダ語や英語を解する者もいた。たとえば、長岡謙吉は竜馬が構想し大政奉還の引き金となった「船中八策」を起草できるほどの学識を持っていたし、のちに新政府で外交官となった陸奥《むつ》陽之助は「商法の愚案」を提出するほど理論家だった。

こうして新生なった海援隊だったが、直後に思わぬ事件に遭遇する。竜馬ら隊士が操船する「いろは丸」と紀州藩の「明光丸」が瀬戸内海で衝突、「いろは丸」が沈没してしまったのだ。竜馬らはこの事故は一方的に「明光丸」側に非があるとして、紀州藩から多額の賠償金をせしめることに成功する。

これにより海援隊の台所は大いに潤ったが、間もなく、隊長の竜馬が京都で暗殺され、隊として大きな転機が訪れる。

■竜馬の薫陶を受けた旧隊士らは新政府に活躍の場を移す

竜馬の葬儀を終えると、隊士のうち陸奥陽之助を中心とした一派が、竜馬の仇《あだ》を討つべく下手人捜査に乗り出す。陸奥らは紀州藩こそ黒幕とにらみ、同藩用人・三浦休太郎をつけ狙ったりしたが、結局は取り逃している。そのうち、王政復古令が発布され、時代の大きなうねりの中に海援隊も飲み込まれることになる。

竜馬の死後、事実上の監督に当たったのは、土佐藩大監察・佐々木高行《たかゆき》だった。しかし、佐々木に竜馬の代わりは務まるべくもなく、すぐに海援隊は菅野覚兵衛《すがのかくべい》を中心とする本拠地・長崎駐在派と京都に滞在する長岡謙吉《ながおかけんきち》一派とに分裂してしまう。

菅野ら「長崎海援隊」は幕府の兵隊がいなくなり、一時は無法地帯となった長崎の町を憂い、奉行所を占拠して治安維持に努めたが、その後旧幕遊撃隊と結びついて「長崎振遠隊《しんえんたい》」を結成、奥羽地方の内戦へと参加していく。この時点で「長崎海援隊」は消滅した。

一方「京都海援隊」だが、リーダーの長岡は幕府軍が大敗し、京・大坂から一掃されると、同志十二名を結集して天領であった小豆島など讃岐《さぬき》諸島を土佐藩の名のもとに占領してしまう。

慶応四年四月、長岡は土佐藩より海援隊の隊長に任命され、以来、「新海援隊」となる。長岡は讃岐諸島を統治するかたわら、竜馬の志を継ぎ、新政府のもとでの海軍創設を目指した。その願いを込めた意見書を建白するが、なぜか採用されることはなかった。

同年五月十七日、備中に倉敷県が設立され、讃岐諸島は倉敷県の管轄《かんかつ》となる。長岡は新政府によって三河県知事に登用され、これにより新海援隊も自然消滅してしまう。長岡はその後大蔵省、工部省の吏員《りいん》を経て、三十九歳で病没する。

竜馬という支柱を失ったことでもろくも崩れ去った海援隊。その活動期間は亀山社中時代を加えても約三年間に過ぎないものだった。しかし、竜馬の薫陶《くんとう》を受けた旧隊士らは続々と新政府に登用され、おのおの得意分野で才能を発揮し、新生日本の幕開けに貢献したのである。

会津戦争に敗れた藩主・松平容保がひた隠しにした「書簡」

■生き残った藩士とその家族は青森・下北半島へ移住を命じられる

幕末、会津藩主・松平容保《まつだいらかたもり》は京都守護職となり、尊皇攘夷《そんのうじょうい》派と血みどろの抗争を展開した。そんな容保が鳥羽・伏見の戦い（一八六八年一月）で敗れ、徳川慶喜《とくがわよしのぶ》に従って大坂を脱出、江戸へ逃れた。江戸で慶喜に再戦を説くが聞き入れられず、容保は仕方なく領国の会津に戻り慶喜と同様、恭順謹慎の日々を送る。

しかし、官軍側にとって容保と会津藩は最大の憎しみの対象だった。容保と会津藩を見逃すことは将来に大きな禍根《かこん》を残すことになると判断した新政府は奥羽鎮撫《ちんぶ》総督府を編成、朝敵・会津藩討伐《とうばつ》に向かう。

このときの合戦（会津戦争）はすさまじいものだった。一カ月間の籠城《ろうじょう》戦で会津方の戦死者は三千人にも達した。白虎隊自刃の悲劇もこのとき起きている。その後、会津藩がたどった悲惨な運命は言語に絶した。

生き残った藩士とその家族、一部の領民たち約一万七千人は、青森県下北半島にある斗南《となみ》へ移住を命じられる。斗南は一年の半分以上が雪に覆われた北方の僻地《へきち》である。そんな不毛の土地を開拓することになった会津人たちは、貧しさと地獄のような寒さに耐え、必死に鍬《くわ》を振るった。しかし、生活は一向に好転せず、人々は海藻や雑穀でどうにか飢えをしのいだという。

そのうち廃藩置県（明治四年＝一八七一）を迎えるが、貧しい生活は変わらない。貧困に耐えかねた会津人の多くは東京などへ流出した。最終的に三千人ほどが斗南に残り、今に伝わる西洋式牧場経営などに従事したという。

■容保の子の容大に家督相続を許した新政府

ところで、藩主容保のその後だが、会津若松城が落城したとき、三十四歳だった。新政府の目の敵にされた松平容保という人は、尾張徳川家の分家である美濃の高須藩松平家三万石の六男として誕生した。会津藩八代目の松平容敬《かたたか》に男子がなく、十二歳のとき養子に入る。当時、養子といえば家格の低いところへ行くのが普

会津戦争で新政府軍と激戦を展開した松平容保

通だっただけに、三万石から二十三万石に入った容保は羨望《せんぼう》の目で見られたという。

しかし大藩の殿様として安穏《あんのん》と暮らせる時代ではなかった。容保は生まれつき蒲《ほ》柳《りゅう》の質《しつ》（体が壮健でないこと）ではあったが、男らしい芯の強さと誠実さを持ち合わせていた。そんな人柄を徳川幕府に見込まれ、だれも引き受け手がなかった京都守護職を任されることになる。容保二十七歳のときだ。まさに貧乏くじを引いたようなものだったが、容保は律儀に職務を遂行した。

会津若松城が落城し、新政府軍に降伏した容保は命を助けられ、永禁固処分と決まる。その身代わりに家老の一人が切腹して果てている。容保は因幡《いなば》藩（鳥取県）に預けられ幽閉の身となる。容保や会津藩に対するこうした処分がさすがに行き過ぎたと反省したのか、新政府は容保の子の容大《かたひろ》に家督相続を許し、会津松平家を存続させた。容大は廃藩置県後に東京へ出て、学習院から近衛騎兵隊に入り、のちに子爵に叙された。

■後年、明らかになった書簡の存在

明治四年三月、容保は自宅謹慎に切り替えられ、翌五年正月に晴れて赦免となる。そればかりか、九年には従五位に叙されて名誉を回復、その後も累進して正三位までのぼった。十三年には上野と日光の東照宮、そして二荒《ふたら》神社の宮司となり、最晩年までその職にあった。いかにも生真面目な容保らしい徳川家への忠義の尽くし方である。しかし、自分たちを見捨てたかつての主君・徳川慶喜を日光に迎えたときはさすがに心中複雑だったに違いない。

一応、名誉を回復したとはいえ、「朝敵」の汚名はそう簡単に消えるものではなかった。もともと、容保は孝明天皇に最も信頼されていた大名だった。それが証拠に、二度も内密の宸翰《しんかん》（天皇直筆の文章）を贈られていた。その一通は容保の忠誠を称える文になっており、容保に信頼を寄せていたことがよくわかる。

しかし、容保自身、天皇の書簡のことを一切口外することはなかった。書簡が入った箱をいつも首から下げ、他人に触れさせなかったという。白虎隊をはじめ無数の家臣や領民たちに辛い犠牲を強《し》いてしまったことに対し悔いを残していた容保は、天皇の書簡を唯一の生きるよすがとして自らを慰《なぐさ》めたのであろう。

明治二十六年、容保が会津若松において五十九歳で亡くなったとき、はじめて書簡の存在が明らかとなった。

白虎隊の生き残り・飯沼貞吉が歩んだ「いばらの道」

■会津戦争後、明治、大正、昭和と三代を生きる

酒巻和男《さかまきかずお》という人をご存じだろうか？　太平洋戦争において、最初の日本人捕虜《ほりょ》となった人物である。昭和十五年（一九四〇）に海軍兵学校を卒業した酒巻は翌年十二月八日、特殊潜航艇《せんこうてい》搭乗員として当時ハワイ・オアフ島にあった米海軍太平洋艦隊基地に対する真珠湾奇襲《きしゅう》攻撃に参戦する。

ところが、酒巻が搭乗した特殊潜航艇は米駆逐艦《くちくかん》「ヘルム」に発見され、被弾。真珠湾の裏側であるワイマナロ湾で座礁《ざしょう》したため、同乗していた稲垣清《いながききよし》二等兵曹と共に潜航艇を脱出するも、漂流中に稲垣とはぐれ（稲垣はその後行方不明）、自身は海岸で失神状態にあるところを米兵に発見される。

捕虜となった直後に行われた尋問で酒巻は、

「一刻《いっこく》も早く殺してほしい。さもなくば名誉ある自決を」

と叫んだという。捕虜となることが軍人の恥とされた時代。酒巻は捕虜収容所で舌を噛《か》んで自決を試みたこともあったという。

しかし、いかなる心境の変化か、酒巻はやがて死ぬことを思いとどまる。そして、次第に増えてきた日本人捕虜の相談相手となり、自暴自棄《じぼうじき》となって命を絶《た》とうとする仲間に対し、こう言って励ました。

「死ぬなら大義に死ね。収容所で自殺するのは馬鹿者のすることだ。無事に祖国に帰り、平和な日本を一緒に築こうではないか」

終戦後の昭和二十一年、酒巻は復員を果たす。日本に帰ってきた酒巻に対し、最初の日本人捕虜ということが新聞で大きく報道されたために全国からたくさんの手紙が舞い込んだ。大半はその苦労をねぎらうものだったが、なかには「帝国軍人なら潔《いさぎよ》く腹を切って死ね」というものもあった。

その後の酒巻はトヨタ自動車に勤務し、昭和四十四年には同社の海外工場第一号であるブラジル現地法人「トヨタ・ド・ブラジル」の社長に就任する。日本人捕虜第一号となった男は戦後、一人のビジネス戦士として日本の復興に力を尽くしたのである。平成十一年（一九九九）十一月二十九日、八十一歳でその波瀾の生涯を終えている。

時代は遡《さかのぼ》って、明治新政府軍（官軍）と会津藩《あいづ》が戦った、いわゆる「会津戦争」においても、この酒巻和男と同じような体験をした悲劇の人物がいた。それが白《びゃっ》虎隊《こたい》の一員として参戦した会津藩士・飯沼貞吉《いいぬまさだきち》である。

心の支えであった城（会津若松城、鶴ケ城とも）が落ちたと錯覚し、飯盛山《いいもりやま》において自ら死を選んだ白虎士中二番隊の若者二十人。ところが、十五歳の貞吉一人が死ぬ寸前に発見され、その後命をとりとめた。生き残った貞吉に対し、心無い同郷人から「恥さらし」「死にぞこない」などと罵声《ばせい》が浴びせられることもあったという。終戦後、明治を経て大正、昭和と三代にわたって生き抜いた飯沼貞吉の「死ぬより辛《つら》い」その後をたどった。

■たった一人だけ生き残る

京都守護職として働いた会津藩主・松平容保《まつだいらかたもり》が徳川慶喜《とくがわよしのぶ》に失望し、領国会津に帰ったのは慶応四年（一八六八）二月二十二日のことだった。帰国から五日後、容

保は藩士一同に向かって、

「敵がここへ攻めてくれば、徹底抗戦も辞さず」

と宣言する。そして、その準備として容保はいの一番に軍制改革に着手する。藩士を年齢によって四隊に分けるというもので、各隊は複数の中隊からなる士中隊・寄合組隊・足軽隊で構成。四隊には天の四方の守護神である、玄武《げんぶ》（北の神）・青竜《せいりゅう》（東の神）・朱雀《すざく》（南の神）・白虎（西の神）の名が付けられた。

このうち十八～三十五歳の朱雀隊が主力の戦闘部隊で、三十六～四十九歳の青竜隊は藩境の防備を担当した。五十歳以上の玄武隊、十七歳以下の白虎隊は緊急時には戦闘に参加するという予備役《よびえき》だった。

白虎隊の入隊資格は十六～十七歳とされたが、十五歳の貞吉は十六歳と年齢を偽り、入隊を果たす。貞吉の家は上士の家柄（家禄四百五十石）で、藩の筆頭家老・西郷頼母《たのも》の妻千重子《ちえこ》とは叔母、甥の関係にあった。貞吉の少年時代は学業・武術ともに優秀だったという。

慶応四年八月二十一日早朝、父時衛《ときえ》はすでに白河口に出陣、十八歳の兄源八も越後口の戦線に出ていたため、出陣が決まった貞吉に対し、母ふみは夫に成り代わっ

て、戦に臨むうえでの会津武士の覚悟を説《と》いた。それを要約すれば、

「今日この家の門を一歩出たならば、おめおめと生きて帰って来るような卑怯な振る舞いをけっしてしてはならない」

という厳しいものだった。そして、「玉章《たまずさ》」の雅号《がごう》をもつ歌人でもあるふみは、

梓《あずさゆみ》 弓むかふ矢先はしげくとも　ひきな返しそ武士《もののふ》の道

の一首を短冊に書いて贈り、それを貞吉の襟《えり》に縫い付けている。

母ふみと別れてから二日後の八月二十三日のことだった。濃霧がたちこめる戸ノ口原で官軍の大部隊と遭遇した貞吉ら白虎士中二番隊は圧倒的な敵の銃火に追い立てられ、運命の飯盛山（標高三百十四メートル）へとやって来る。飯盛山は城の北東方向に位置し、城からは直線で三キロメートル弱の距離だった。

この飯盛山から市街地を望むと、黒煙が激しく立ち上っていた。官軍が町に放火したのを城が落ちたと早合点した隊士らは、そこで覚悟を決め、次々に屠腹《とふく》したり互いに刺し違えたりして若い命を散らしていった。

貞吉も遅れてはならじと、自らの脇差《わきざし》を抜くとのどを突き、その場に倒れた。こうして白虎士中二番隊二十人は全員死ぬはずだった。しかし、たった一人、貞吉だ

け出《いんで》がやってきて知らせ、わが子を探しに来た飯沼家ゆかりの足軽印出

け が助かることになる。たまたま、わが子を探しに来た飯沼家ゆかりの足軽印出《いんで》新蔵《しんぞう》の妻ハツに苦しんでいるところを発見された貞吉は、ハツに助けられながら城下を脱出する。そして北方の塩川宿へ逃れると、そこで医者の手当てを受け、九死に一生を得たのであった。

■東北地方の電信電話網の構築に尽力する

死の淵から舞い戻った飯沼貞吉は維新後に名を貞雄《さだお》と改め、明治五年（一八七二）に東京で電信技術を教える学校に入り、電信技師となる。その後、当時最新の技術を身につけた貞雄は、山口県下関市を振り出しに新潟、広島、東京など国内各地で勤務した。

明治二十七～二十八年（一八九四～九五）に起こった日清戦争にも技師（身分は工兵大尉）として従軍、弾丸が飛び交《か》うなか、銃も持たず電信施設の建設に奔走《ほんそう》した。危険だからと人が忠告すると、

「わたしは白虎隊で一度死んだ身ですから」

笑いながらそう答えたという。

明治四十三年には逓信省《ていしんしょう》仙台逓信管理局工務部長に就任、新潟県を含む東北七県の電信電話網の構築と、東京―仙台間の直通電話回線の敷設《ふせつ》に尽力した。大正二年（一九一三）、六十歳で退官すると、すぐに正五位勲四等に叙せられている。

貞雄は長身で鼻筋が通った彫りの深い顔立ちをしており、背広姿がよく似合った。仙台の街中を英国人の電信建設顧問と並んで歩いていたりすると、行きかう人からは「外国人が二人歩いている」と見られたという。

飯沼貞雄が仙台の自宅で亡くなったのは、昭和六年二月十二日。享年七十七。貞雄は白虎隊のことを人にほとんど話さなかったが、晩年になり、後世に伝えておくことが生き残った自分の使命であると考えを変えたのだろう、ごく一部の史家にだけ語り残している。そのお陰で、後世のわれわれは飯盛山での最期の様子を知ることができたのである。

貞雄の遺言は、自身の毛髪と抜けた歯を収めた小箱を次男一精《かずきよ》に手渡しながら、

「もしも会津のほうから、葬《ほうむ》りたいといってきたら、これをやってもよい」

という何とも微妙な言い回しだった。この言葉からも、自害に失敗し、自分一人だけ生き残ったという自責の念が終生彼を苦しめていたことがわかる。

こののち、ある会津出身者が仙台に飯沼貞吉（貞雄）の墓があることを知り、これが合祀《ごうし》運動に発展し、昭和三十二年に行われた「戊辰《ぼしん》戦争後九十年祭」において、飯盛山に飯沼貞吉の墓が建てられた。

当時は「自害に失敗するとは会津武士の名折れ」「少年ばかりの墓に年寄りを入れるのはどうか」など合祀に反対意見もあったという。そのためか、自害した白虎士中二番隊十九人の墓から少し離れた場所に埋葬されることになった。そんな扱いを受けても、泉下《せんか》の貞吉の魂魄《こんぱく》は久方ぶりに故郷に舞い戻ることができ、しかもかつての同志たちと一緒の場所に眠ることができてきっと感無量だったに違いない。

■冷たい視線に晒されながら堂々とその後を生きる

太平洋戦争の酒巻和男といい、この飯沼貞吉といい、「その後」の人生はまことに気の毒としか言い様がない。世間の冷たい視線に晒《さら》され、自ら命を絶ったとしても不思議ではない苦しみを味わったのだ。しかし彼らは「帝国軍人（会津武士）の恥」とまで蔑《さげす》まれながら、その後の人生を堂々と生き抜き、天寿を全《まっと》うしたのだ。二人の強靭《きょうじん》な精神力こそ現代のわれわれが規範とすべきものであろう。

暴漢に襲われた板垣退助は、その後の四十年をどう生きたか

■国会の創設を求めた建白書を天皇に提出する

「百円札」を知らない世代が増えている。全体が茶系の紙幣で、印刷された肖像画は板垣退助。細面で目がギョロリと大きく、立派な髭をたくわえた、あの顔である。

板垣退助といえば民権運動指導者として政治活動に一生を捧げた、明治期を代表する政治家の一人。遊説《ゆうぜい》先で暴漢に襲われた際、「板垣死すとも自由は死せず」と一喝した話は有名だ。このとき板垣四十六歳。彼は一命をとりとめ、なんとその後八十三歳まで長寿を保った。遭難後、板垣は一体どんな後半生を送ったのだろうか。

板垣退助は天保八年（一八三七）、土佐藩で馬廻役の子として生まれた。のちに同じ政治家となる後藤《ごとう》象二郎《しょうじろう》とは一つ違いの遊び友達である。戊辰《ぼしん》戦争では、板垣は東山道先鋒総督府参謀として抜群の戦功を挙げている。廃藩置県後、参議となる

金や名誉には無頓着だった板垣退助

が、明治六年（一八七三）、征韓論争に敗れて西郷隆盛と共に下野《げや》する。

このとき板垣は西郷に、

「政治が一握りの人間によって動かされるのはおかしい。欧米のように選挙で選ばれた国民の代表が政治を行うべきだ。私はこれに一生をかける」

と宣言したという。

明治十年、板垣は国会の創設を求めた「立志社建白」を天皇に提出するが、却下される。十四年、わが国最初の全国的政党である「自由党」を結成、総理に就任する。以来、板垣は民権運動のシンボル的な存在となる。

十五年四月六日、それは岐阜遊説中に起こった。演説を終えて帰ろうとした板垣は突然暴漢に襲撃される。板垣は胸など数個所を刺され、重傷だった。犯人は二十七歳の小学校教員相原某。相原は父母宛ての遺書で「勤皇の志止《や》み難《がた》くして国賊板垣を誅《ちゅう》す」と記していたが、それ以上のことは一切語らなかった。

後年有名になる「板垣死すとも……」の言葉は随行の竹内綱《たけうちつな》らが党本部宛ての書簡に、板垣の言として引用したものだが、本当にそのとき板垣が吐いた言葉かどうか真偽は定まっていない。

■政界引退後は清貧の生活を送りながら社会福祉事業に携わる

板垣は傷が癒《い》えると後藤象二郎らと欧州諸国を巡遊する旅に出る。この旅の費用は政府が三井財閥の陸軍省御用を三年間延長することを条件に、三井から出させたものだった。のちに、このことが大問題に発展する。外遊から戻った板垣は自由党内部から金の出所について厳しい追及を受け、進退窮まった板垣は十七年、解党に踏み切る。

二十年、五十一歳になった板垣は伯爵を授けられる。このため三年後に帝国議会が創設された際、板垣は衆議院議員になれなかった。爵位を持つ者は貴族院議員になることが決まっていたからである。ただし、大臣になることは問題がなかった。国会創設に合わせて自由党を再結成し党首となった板垣は、日清戦争後の二十九年、第二次伊藤（博文）内閣で内務大臣の座につく。

三十一年、わが国初の政党内閣である憲政党・大隈《おおくま》（重信《しげのぶ》）内閣でも板垣は内務大臣を務める。憲政党は進歩党の大隈と自由党の板垣が協力して結成した政党だ。いわゆる隈板《わいはん》内閣である。この内閣は内紛によって四カ月であっさり崩壊する。その後、板垣は内務大臣の職権で憲政党の看板を握るが、策士の伊藤博文《いとうひろぶみ》に乗っ取られ、伊藤の政友会に吸収されてしまう。ここに至り、失意の板垣は政界引退を表明する。六十四歳のときである。

政界を退いたとはいえ、大物だけにしばらくは板垣の周りに生臭い噂が絶えなかった。自由党を再結成しようという動きに担がれかかったこともあったが、結局は頓挫《とんざ》した。

四十年、七十一歳のときに「社会改良会」の総裁に就任。労働者の保護や盲人教育などの社会福祉事業に携わる。晩年は清貧の生活を続け、大正八年（一九一九）、八十三歳で亡くなった。

板垣という人は清廉潔白な人柄で、金や名誉にはおよそ無頓着だった。たとえば明治二十年七月の新聞では板垣の財産について「猟犬三匹、家鴨《あひる》二十羽、猟銃二挺」と伝えている。板垣が政界を上手に泳ぎきれなかった理由はそのあたりにありそうだ。この気質は息子にも受け継がれ、没後、子の鉾《ほこ》太郎は父の遺志を守って伯爵相続を辞退した。

3
芸術・文化を担った天才たちのそれから

『万葉集』編纂後、なぜ大伴家持は〝歌わぬ歌人〟となったのか

■天皇家に匹敵する勢力を誇っていた大伴氏の祖先

『万葉集』の編者の一人とされる大伴家持《おおとものやかもち》。文字通り、奈良時代を代表する歌人で、千二百年以上たった今日でも家持の歌は広く愛誦《あいしょう》されている。家持の作品で、年代がわかる最初のものは七三三年の、

振りさけて三日月見れば一目見し人の眉引き思ほゆるかも（巻六・九九四）

である。家持の生年は不詳だが、このとき十六歳ごろと思われる。「三日月」から女の眉を連想し、美しい女性を想像して詠んだものだが、少年・家持のういういしい恋の芽生えがしのばれる。

そして、『万葉集』最後の歌が、七五九年正月に因幡《いなば》国庁で詠んだ、

新しき年の初めの初春の今日降る雪のいやしけ吉事《よごと》（巻二十・四五一六）

とされている。七三三年の時点で十六歳とするなら、このとき四十二歳である。以来、家持はなぜか歌を一切作らなくなり、七八五年（六十八歳？）に亡くなるまで〝歌わぬ歌人〟を通している。一体、家持のその後に何があったのだろうか。
大納言・大伴安麻呂《やすまろ》の孫として生まれた家持。古代豪族であった大伴氏の祖先は天皇家に匹敵する勢力を誇っており、大和朝廷成立後は軍事力を司る有力豪族として天皇家に仕《つか》えていた。

■恵美押勝の乱で中央政界への復帰がかなう

七四六年、若き家持は越中国守として赴任する。このころ有名な「海行《うみゆ》かば」の長歌を作り、天皇への忠誠を誓っている。

　海行かば水漬《みづ》く屍《かばね》　山行かば草生《む》す屍　大皇《おおきみ》の辺《へ》にこそ死なめ　顧《かえり》みはせじ……

悲愴とも言える決意だった。近代になってこの長歌が軍当局により、天皇讃美の目的で利用されたのはご存じのとおり。
それはともかく、その五年後の七五一年、家持は少納言となって帰京する。この前後が歌人として最も脂が乗った時期で、歌道にいそしむ日々を過ごす。しかし、順風満帆だった家持の人生にやがて陰りが生じてくる。

七五七年、親しかった橘 奈良麻呂《たちばなのならまろ》の謀叛《むほん》未遂事件が起こり、大伴氏の主だった者が失脚する。当時の政治は、光明皇太后の寵愛《ちょうあい》を後ろ盾にした藤原仲麻呂《ふじわらのなかまろ》（別名・恵美押勝《えみのおしかつ》）が実権を握っていた。奈良麻呂はこの仲麻呂を亡き者にしようと画策《かくさく》するが、失敗に終わる。家持も嫌疑をかけられ、薩摩守に転任、つまり左遷《させん》させられてしまう。

そんな家持も、七六四年の「恵美押勝の乱」によって仲麻呂が戦死するや中央政界に復帰がかなう。七七〇年に従四位下となり、左中弁や衛門督《えもんのかみ》などを経て、七八〇年に参議右大弁に昇進、翌七八一年には従三位に至る。

■死後、桓武帝に位階を剥奪される

ところが、好事魔多しで、七八二年、氷上川継《ひがみかわつぐ》の謀叛の企《くわだ》てが露顕すると、家持はそれに関わっていたとして一時解任させられる。しかし、嫌疑はすぐに晴れて参議に復し、のち陸奥按察使鎮守《むつあぜちちんじゅ》将軍となる。さらに、中 納言《ちゅうなごん》に上り、七八四年には持節征東《じせつせいとう》将軍に任じられ、蝦夷地《えぞち》（当時は東北地方を指す）侵攻が実行されようとした矢先、家持は死去する。

浮き沈みが激しい家持の人生もここでようやくピリオドを打つことになったが、実は死んでからもなお彼は災難に見舞われた。亡くなって一カ月後、長岡京造営の推進者であった藤原種継《たねつぐ》暗殺事件が起き、その謀議に関与していたとして、桓武《かんむ》天皇によって死者にもかかわらず除名（位階・勲位の剥奪《はくだつ》）され、息子の永主《ながぬし》も隠岐《おき》へ流された。

これは家持にはまったく身に覚えがない濡れ衣だった。若いころ「海行かば」の歌を作り、天皇に燃えるような忠誠を誓った家持。その家持が死後、皮肉にも天皇に汚名をかぶせられることになろうとは……。

八〇六年、桓武帝が亡くなると、家持は従三位に復され、名誉回復が図られる。

七五九年の歌の後、〝歌わぬ歌人〟となった家持。実際は、次々と大伴一族に降りかかる政治的変動の波に翻弄《ほんろう》され、歌作りどころではなかったのである。

歌だけが残されている小野小町の謎に包まれた晩年とは

■数々の男性と浮名を流す?

小野小町《おののこまち》は平安時代初期に登場した女流歌人。仁明《にんみょう》天皇から文徳《もんとく》天皇の御世《みよ》(八三三〜八五八年)に活躍したとされ、六歌仙、三十六歌仙の一人にも選ばれているほどの古今を通じて最も有名な女流歌人の一人である。

それほど知られた小野小町だが、九〇五年、紀貫之《きのつらゆき》によって編纂《へんさん》された『古今和歌集』に、彼女が作ったとされる十八首の歌が採択されているという事実以外、生没年や出自をはじめ、暮らしぶり、亡くなった場所もほとんどわかっていない。

それに比して、老いてからの小町をめぐる言い伝えが全国各地に残っているから不思議だ。それらに共通するのは、身寄りもない悲惨な境遇となりはて、みすぼらしい格好で各地を放浪して歩く憐れな老婆の姿である。若いころ、美貌と才女ぶり

小野小町の生涯は謎に包まれている

をうたわれただけに、いっそう憐れだ。一体、小野小町のその後に何があったのだろう。

小町は一説に、出羽郡司（今の秋田の地方官）小野良真《おののよしざね》の娘で、平安初期の文人として知られる小野篁《たかむら》の孫と伝えられる。「秋田音頭」にも、小野小町は秋田の生まれと歌われているが、確証があるわけではない。

『古今和歌集』に入っている小町の作品を検証すると、漢詩の表現が多く取り入れられており、中国文学の豊かな知識を持った教養のある女性だったことがうかがえる。特に、小野小町といえば、次の歌が有名だ。

花の色は移りにけりないたづらにわが身世にふるながめせしまに

この歌から小町は絶世の美女であるとの伝説が誕生した。しかも、恋多き女性で数々の男性と浮名を流したという。驕慢《きょうまん》で男を見下していたとも言われ、そこから深草少将《ふかくさのしょうしょう》が百夜《ももよ》通って、雪の中で落命したという悲恋物語が生まれた。

『古今和歌集・仮名序』には小町を「衣通姫《そとおりひめ》の流れ」と紹介している。小町の美貌を古《いにしえ》の美女、衣通姫にたとえたものである。それほどの美女で、若いうちは数多《あまた》の男に言い寄られた小町だが、書物の中で語られている晩年の姿はどれも悲惨だ。

■小町＝落魄の老婆のイメージ作りに寄与したものとは？

たとえば、平安後期に著《あらわ》された『玉造《たまつくり》小町子壮衰書』の中に、作者が旅の途中に一人の老婆と出会った話が載っている。老婆は痩《や》せ衰え、髪は霜のおりた蓬《よもぎ》のようで、皮膚は凍った梨《なし》に似ていた。ほとんど裸形に近いみすぼらしい身なりをし、脚は萎《な》え、歩くのも困難な様子だった。

作者は憐れみ、老婆に身の上を尋ねると、老婆は自身の若いころの優雅な生活ぶりをポツリポツリと語り始めた。それによると彼女は貴族の家に生まれ、一時は栄《えい》耀《よう》栄《えい》華《が》を極めたという。ところが、父の野望が災いして家は没落、自身は荒れ果てた館にひっそりと暮らしていたが、やがて猟師と出会い、結婚する。

だが、猟師には本妻がいた。彼女は山の中で貧しい生活と本妻の辛い仕打ちに耐え、どうにか子供を産むが、それがために体を悪くし、夫からも嫌われる醜い容貌に成り果てる。絶望した彼女は出家を志し、今は仏の慈悲にすがって細々と毎日を過ごしているのだと作者に泣く泣く語って聞かせた。

いかに没落したとはいえ、貴族の娘が猟師と結婚するなど、かなり展開に無理がある。しかし、この本に出てくる老婆が小町だというのだ。といっても、本の作者は老婆が小野小町であるとは一言も言っていない。あくまで「玉造小町」の話なのだ。

ところが、後世の人はこの玉造小町と小野小町を同一人物と考えたため、小野小町、イコール落魄《らくはく》の老婆というイメージが確立してしまった。さらに時代が下ると、小野小町は諸国を杖《つえ》一本で流浪するはめに陥り、陸奥国で野垂れ死にしてあさましい髑髏《どくろ》と成り果てた、という悲惨この上ない話にまで発展した。

そうした暗いイメージが確立した背景には、さんざん男を弄《もてあそ》んだ女が憐れな最期を遂げ、「ざまぁ、見ろ」というふられ男のやっかみもあるが、仏教思想との関わりも無視できない。美しく、才能豊かな人間は花の盛りに人からちやほやされるが、いったん花が散ってしまえば見向きもされなくなる――。

これは仏教の根本思想の諸行無常の教えに通じるものだった。僧侶たちは仏法を説く際、例題として繰り返し小野小町（実は玉造小町だが）の落魄話を民衆に語って聞かせた。それがため、全国津津浦浦にまで小野小町の悲惨な末路が〝真実〟として浸透してしまったのである。

大宰府へ追いやられた後の菅原道真は　その後、どんな日々を送ったか

■無実の罪で一家は離散、自身は大宰府へ流される

今日、学問の神様として信仰を集める太宰府天満宮《だざいふてんまんぐう》（太宰府市）。祀《まつ》られているのは言うまでもなく、菅原道真《すがわらのみちざね》である。道真は平安中期の学者で政治家。学者の家に生まれ、詩文をよくした。

特に、宇多《うだ》・醍醐《だいご》両天皇に寵愛《ちょうあい》され、右大臣にまで出世する。しかし、左大臣・藤原時平《ふじわらのときひら》の讒言《ざんげん》にあい、九州・大宰府へ左遷され、そこで没する。左遷が決まり、京都から任地に赴くに際し、自邸紅梅殿《こうばいでん》で有名な、

東風《こち》吹かば匂ひおこせよ梅の花あるじなしとて春を忘るな

という歌をものにしている。もう二度と中央政界に復帰できないだろうと観念し、その思いを歌に込めたのである。のちにこの梅は大宰府に飛んでいって、そこ

で根付いた。有名な「飛び梅伝説」である。

道真が大宰府に左遷させられたのは、九〇一年一月。息子たちもそれぞれ遠国へ流罪となり、一家離散の憂き目に遭ってしまった。道真に与えられた配所のひどさは言い様がないほどで、床は朽《く》ち、縁は落ち、屋根は雨漏りがひどかった。

道真は生来の胃弱で、栄養失調からくる脚気《かっけ》や皮膚病にも苦しみ、夜もろくろく眠れない日々を過ごした。胃痛が耐え難くなると、石を焼いて腹を温めるのだが、それでも痛みはなかなか去らない。そこで「強《し》いて酒半盞《さん》を傾《かたむ》く」ことになる。

道真は、実はまったくの下戸《げこ》だった。讃岐守時代の詩に「性は酒を嗜《たしな》むことなく、愁《うれ》い散じ難《がた》し」という一節があることからそれがわかる。そんな下戸の道真も、左遷させられた悔しさや望郷の思い、そして胃の痛みを紛らすため、飲めない酒をむりやり半杯あおって眠りについたわけである。

■道真の死後、京都では天変地異が頻発する
大宰府に流されて二年目の春、道真は失意の内に没する。享年五十九歳。埋葬のために葬儀の列が進むなか、突然、遺骸を乗せた車が立ち止まり、車を引く牛をい

左遷された大宰府で悶々とした日々を過ごした菅原道真

くら押しても動かなくなってしまった。そこでやむなく、その場所を墓所と定め埋葬することにした。これが、現在の太宰府天満宮の前身の安楽寺だという。

ほどなくして、京都周辺では洪水が頻発《ひんぱつ》し、疫病《えきびょう》が流行する。しかも、道真左遷の首謀者・藤原時平と、二人の皇太子が相次いで亡くなる。人々は「無実の罪で左遷させられた道真の怨霊《おんりょう》の祟《たた》りではないか」と噂しあった。その噂が広がりをみせるなか、決定的な災厄《さいやく》が降り掛かった。

九三〇年六月、天皇が起居する清涼殿《せいりょうでん》を雷が直撃、何人もの貴族が死に、醍醐帝も崩御《ほうぎょ》する。あわてた宮廷側は、すでに亡くなっている道真を右大臣に復し、正二位を追贈する。ところが、災厄はやむことがなかった。

そこで、道真の怨霊を「天満自在天神」として祀ることになった。落雷事件と天神（雷神）信仰との習合《しゅうごう》がなされたわけである。菅原道真を「天神様」と呼び慣わすのはこうしたいきさつがあったからだ。

ともかく、これが現在の北野天満宮（京都市上京区）の始まりとなった。さらに、一〇世紀後半には文道の祖、学問の祖としても尊崇されることになり、今日に至っている。

水墨画を完成させた画僧・雪舟の知られざるその後

■四十八歳で遣明船に乗り中国大陸へ

雪舟等楊《せっしゅうとうよう》は室町時代中期の画家で禅僧。年配の人なら、寺の小坊主時代の有名な逸話を小学校の教科書で読んで知っていることだろう。

絵を描いてばかりでお勤めがおろそかになっていた雪舟は和尚に咎《とが》められ、柱にぐるぐる巻きに縛られてしまう。夜になっても許してもらえず、空腹感はつのる一方。雪舟は床にポタポタと落ちる自分の涙でネズミの絵を足の指で描き、空腹感をまぎらせた。そのときのネズミはさながら生けるもののようだったという。

雪舟は応永二十七年（一四二〇）、今の岡山県総社市で誕生したとされる。ときは足利義持《あしかがよしもち》（四代将軍）の治世。当時、日本全国で飢饉《ききん》が相次ぎ、疫病《えきびょう》も大流行していた。

雪舟は幼少時に地元の宝福寺という禅寺に入る。足の指で描いたネズミの話はこのころの出来事だ。やがて、少年僧の雪舟は上洛《じょうらく》して京都五山の一つ、洛北《らくほく》・相国寺《しょうこく》に入る。当時、相国寺は幕府の直轄で、京の学問をリードしていた。

雪舟は禅僧として修行を積むかたわら、天性の素質を生かして同寺の高僧・周文《しゅうぶん》に絵を習う。周文は将軍家御用達の絵師でもあり、雪舟は周文から水墨画の技術を貪欲《どんよく》に学び取った。雪舟は結局、三十代半ばまでこの相国寺にいたが、その間の経歴や暮らしぶりは一切伝わっていない。

享徳三年（一四五四）、雪舟は突然相国寺を出て、中国地方を漂泊《ひょうはく》する。寺を出たのは幕府権力に縛られることに嫌気が差したからと伝えられる。以来、京都に足を向けることはなかった。やがて、雪舟は周防《すおう》山口の大内氏の庇護《ひご》を受け、同地に画房・雲谷庵《うんこくあん》を構えて画業に専念する。

応仁元年（一四六七）、応仁の乱が起こったこの年、四十八歳の雪舟は大内氏の遣明船《けんみんせん》に乗り、中国大陸へ渡る。水墨画の本場で絵の勉強をしたいという夢が叶ったのである。三年におよぶ明滞在で、雪舟は禅の修業にも励み、天童山景徳禅寺では修行僧中の首席になったほどだ。禅僧としても雪舟は第一級の人物だった。

雪舟は日本的な水墨画を完成させた

■記念碑的な作品『慧可断臂図』の完成

帰国後は山口の雲谷庵に定住。宋画・元画の模倣《もほう》に留まらない日本的な水墨画の完成に努め、障屏画《しょうへいが》の先がけとなった。文明十八年（一四八六）には大内氏の求めにより、全長十六メートルにおよぶ大作『山水長巻』を描いている。

また、明応五年（一四九六）、『慧可断臂図《えかだんぴず》』を発表。達磨《だるま》に入門を断られた慧可が、自らの左腕を切断して不退転の覚悟を示し、入門を許されたという故事に画題をとったものだ。この『慧可断臂図』は日本絵画史上、記念碑的な作品となった。なぜなら、それまでの絵画というのは、画家には必ず後援者（パトロン）がいて、その後援者の要請に応じて画題が決められた。ところが、雪舟はこの作品によって初めて画家が描きたい絵を描いてみせたのである。

このとき、雪舟七十七歳。慧可の仏教に帰依《きえ》するひたむきな思いは、そのまま絵に精魂を傾ける雪舟の熱い思いでもあった。七十七歳にしてこの前向きな姿勢には頭が下がる。

晩年は再び各地を漂泊した後、永正三年（一五〇六）、八十七歳で没したという。

なっていた。それまで芭蕉は桃青《とうせい》の俳号を名乗っていたが、このころから芭蕉を名乗る。草庵の庭に門人の一人が芭蕉の株を植えたことに由来するという。

天和二年（一六八二）十二月、駒込の大円寺から出火した大火によって、深川にあった芭蕉の草庵が焼失。焼け出された芭蕉は以来、漂泊生活を送ることになる。

貞享元年（一六八四）八月、江戸を旅立った芭蕉はまず故郷の伊賀上野を訪ねて母の墓参を済ませると、その足で奈良、京都、滋賀、美濃大垣、名古屋とめぐり歩いた。江戸に戻ったのは翌年四月のことだ。この旅が、いわゆる『野ざらし紀行』となって結実した。

■門人同士の確執を仲裁するため大坂へ向かう

貞享四年八月には鹿島《かしま》、潮来《いたこ》に遊んだ。このときの紀行文が『かしまの記』である。茨城から戻ると、同年十月、芭蕉は再び東海道の旅に出る。今度は兵庫の須磨、明石まで足をのばした。これが『笈《おい》の小文《こぶみ》』だ。その帰り道、美濃から信州に入り、江戸に戻るまでの旅が『更科《さらしな》紀行』である。

東海道、信州とめぐる長い旅から帰ってわずか半年後の元禄二年（一六八九）三月、芭蕉は門人の河合曾良《かわいそら》を供に奥州へ旅立つ。『おくのほそ道』の始まりである。奥州は未知の国であり、芭蕉にとってあこがれの旅であった。

芭蕉は白河の関を越え、郡山、白石を通って仙台に入る。松島の海を見物するとさらに北上し、平泉に到着。そこで、

夏草や兵《つわもの》どもが夢の跡
五月雨《さみだれ》の降りのこしてや光堂

の句を詠む。芭蕉はそのまま奥羽山脈を横断すると出羽国を抜け越後から北陸道に入り、金沢、越前と進んで美濃大垣に至る。ここでようやく『おくのほそ道』は完結する。美濃大垣に到着したのはその年の八月二十日ごろだった。

念願の奥州の旅を果たしたその後の芭蕉だが、旅へのあこがれは一向に衰えることはなかった。そのまま近畿を漂泊し、元禄四年十月になってようやく江戸に戻る。江戸を出発して約二年半の歳月が流れていた。

ときは元禄文化の真っ只中。戦乱に疲れた庶民の心にもようやくゆとりが生まれ、俳諧を習う者が急増、点取俳諧師は引っ張りだこの人気だった。彼らは芭蕉が江戸市中に定住することになると、自分たちのシェアが侵されるのではと危機感を

募らせた。しかし、芭蕉は名利を求めることに一切無頓着だった。そんな狭量《きょうりょう》な俳諧師たちをからかっては面白がっていたという。

元禄七年五月、芭蕉は清書の出来上がった『おくのほそ道』を笈に入れると、東海道の旅に出る。大坂にいる門人同士が互いに門戸を張って確執を深めていたことから、その仲裁が旅の目的だった。

大津から京都に入り、いったんは伊賀上野に帰郷した後、九月九日、奈良を通って大坂に到着する。芭蕉はその翌日に発熱し、床についてしまう。実は今回の旅は当初から体の調子がおもわしくなかった。それを押しての旅立ちだったのである。

師匠が倒れたことを聞きつけ、各地から門人が駆けつけた。下痢がひどくなり、日に日に痩せ衰えていく芭蕉。十月八日の夜、「病中吟」として、

旅に病《や》んで夢は枯野をかけ廻《めぐ》る

の句を書き取らせたとされる。芭蕉の生涯にふさわしい見事な句であった。十日になって容態は急変。遺書をしたためると翌朝から食を断ち、香をたいて眠った。そして十二日午後四時ごろ、芭蕉は大勢の門人に看取られながら永眠する。遺体は遺言により、木曾義仲《きそよしなか》の墓がある大津の義仲寺《ぎちゅうじ》に葬られた。

巨万の富を築いた紀伊国屋文左衛門の明かされなかったその後

■「正徳の治」によって没落の憂き目に

　元禄時代（一六八八〜一七〇四）、豪商と呼ばれる商人が江戸と大坂に相次いで現れた。江戸は紀伊国屋文左衛門《きのくにやぶんざえもん》と奈良屋茂左衛門《ならやもざえもん》、大坂は三井《みつい》八郎《はちろう》右衛門《えもん》と鴻池善《こうのいけぜん》右衛門《えもん》である。東の二人は材木商で、西の二人は金融業で財を成した。その中でも数々の逸話に彩られ、江戸時代を代表する豪商として知られているのが、「紀文」こと紀伊国屋文左衛門である。

　船で暴風雨の海を突ききり、紀州蜜柑《みかん》を江戸へ運んで商売の元手を作るや材木商となり、瞬く間に御用商人に登りつめ巨富を築いた紀文。名前が知られている半面、これほど謎の多い有名人も珍しい。生没年や出身地も未詳で、商人としての足跡、晩年の暮らしぶりなどごく断片的にしか伝わっていない。

第一、一躍紀文の名を高からしめた蜜柑船の話自体、根拠がなく、後世の虚構とされているくらいだ。この話は幕末の二世為永春水《ためながしゅんすい》が紀文をモデルに書いたとされる合巻『黄金水大尽盃《おうごんすいだいじんさかずき》』が基になっており、その後、講談、浪曲、歌舞伎などに取り上げられ世間に浸透したようである。

しかし、紀文が御用材木商となって巨万の富を築いたことや吉原で大尽遊びをしたことは資料から事実である。紀文が材木商として成功できた要因は大きくいって二つある。

一つには火事による慢性的な材木需要が挙げられる。「火事と喧嘩《けんか》は江戸の華」と言われるほど、このころの江戸は火事が頻発《ひんぱつ》し、材木は高騰する一方だった。これに乗じて紀文は木曾の材木を買い占め、一攫千金《いっかく》を得ることができたのである。

さらに、幕閣の実力者と緊密な関係を結んだことも大きい。紀文は側用人や老中を歴任した柳沢吉保《やなぎさわよしやす》、勘定奉行の荻原重秀《おぎわらしげひで》らに近づき政商となった。当時の入札は賄賂《わいろ》の多寡《たか》によって決まったため、民間の工事の十倍にもついたという。紀文が短期間に莫大な富を築くことができたからくりはここにある。さらにまた、荻原と結び、貨幣鋳造《ちゅうぞう》に関わったことで莫大な利益を得たようである。

こうして飛ぶ鳥を落とす勢いの紀文にもやがて没落のときが訪れる。五代将軍綱《つな》吉《よし》の死去が引き金になった。勘定奉行の荻原が新井白石《あらいはくせき》の弾劾《だんがい》によって罷免《ひめん》され、大老の柳沢吉保も死に、紀文を擁護してくれた幕府首脳部がすべていなくなってしまう。しかも、「正徳の治」といういわばデフレ政策が追い打ちをかけた。材木の需要が一気に冷え込み、これがため家運はみるみる傾いた。

こうなると紀文の動きは素早かった。商売をたたみ、隠居生活に入る。かつて八丁堀の一町内を占めていたほどの広大な屋敷も人手に渡し、浅草寺内の慈昌院へ引っ越した。五十歳前後のころと思われる。この潔い身の処し方からもわかるように、紀文という男は豪放な人柄だったらしい。だからこそ、江戸っ子は紀文を愛し、物語や演劇で後世に伝えたのである。

■悠々自適の日々を送る

この引っ越しの際、家財道具を運ぶのに大八車の長い行列ができた。しかも引っ越しが完了するのに十八日間も要したという。千両箱だけで四十箱を数えた。つまり、この時点でまだ四万両もの資産を所有していたわけである。没落したとはいえ

「さすがは天下の紀文」と人々は噂しあった。

その後、深川八幡の一ノ鳥居近くに移り、隠棲《いんせい》する。紀文はかつてのような無茶な豪遊はしなくなり、俳諧や絵画を楽しみとして悠々自適の日々を過ごした。俳諧は芭蕉の弟子の榎本《えのもと》（宝井とも）其角《きかく》に学んで「千山」と号した。絵画は狩野派の英一蝶《はなぶさいっちょう》に指導を受けたという。

隠棲したとはいえ、そこは紀文だけに人が思いもよらぬところに金を使い、一人悦に入っていたようである。のちにわかったことだが、隠宅の天井を張り替えようとした際、紙が一枚一枚産地ごとに違っており、しかも、百年経過の糊《のり》、五十年の糊、三十年の糊と場所ごとに使い分けるほど贅《ぜい》を尽くしたものだった。

紀文の没年は定かでないが、一説に享保十九年（一七三四）四月ごろで、享年六十六歳だったという。没落して、人知れずさびしく亡くなったという説もあるが、実際は穏やかだが何不自由のない趣味三昧《ざんまい》の晩年を過ごしたようである。遺産がどれだけあり、それがどう処理されたかは伝わっていない。

エレキテル製作後、平賀源内はどうなったのか

■長崎に留学して蘭学を学ぶ

「秀才」は恵まれた環境の中でしかるべき教育を受けて育つが、「天才」は空から降ってくるように突如として現れるという。これは平賀源内《ひらがげんない》にこそ当てはまる言葉である。

源内はつねに新奇なことを好み、自らの興味の趣《おもむ》くままに博物学、化学、戯作《げさく》、浄瑠璃《じょうるり》、絵画……と様々なことに手を出した。どれをとっても一流で、まさに、万能の天才であった。なかでも、源内の代表的な功績に「エレキテル」(摩擦起電機)の製作がある。このとき、源内四十九歳。これを絶頂期とするなら、その後亡くなるまでの三年間は一転して地獄の日々だった。一体、功成り名を遂げた源内に何が起こったのだろうか。

八面六臂の活躍を見せた「非常の人」平賀源内

平賀源内は享保十三年（一七二八）、高松藩の御蔵番、白石家の三男として生まれた。幼少時から異才ぶりを発揮し、「天狗小僧」と呼ばれた。兄二人は早世したため、二十二歳で家督を継ぐ。このとき源内は戦国時代の先祖の姓である平賀に改姓している。

二十五歳のとき、藩の命令で長崎に留学。蘭学や医学を学んだ。この長崎でオランダ渡りの医学書、医療機器、薬品のほか、楽器や時計、地図、辞書、望遠鏡など西洋文明の品々に触れ、大きなカルチャーショックを受ける。帰郷するや家督を妹婿に譲り、江戸へ出る。源内は本草（博物）学者で医師でもある田村藍水《たむららんすい》の門弟となり、本草学を中心に最先端の知識を貪欲に吸収していった。

三十歳で藍水と協力し、日本初の物産会（薬品の博覧会）を湯島で開く。この成功が転機となり、正式に高松藩の士籍を捨てるや、まさに水を得た魚のごとく、その後様々な分野で活躍した。そんな源内に、今でいう肩書きを付けてみると――、

発明家、化学者、博物学者、画家、陶芸家、俳人、小説家、戯曲作家、浄瑠璃作家、鉱山師、コピーライター、プロデューサーなどなど実に多彩だ。

発明家・化学者としての代表的作品はエレキテル、量程器《りょうていき》（現代の歩数計）、寒

熱昇降器（寒暖計）、火浣布《かかんぷ》（耐火織物）、もぐさ点火用火付器（ライター）、方位磁石、水銀鏡、下剤、利尿剤などが挙げられる。

エレキテルというのは長方形の木箱で、上に二本の電極があり、側面にハンドルが付いていた。このハンドルを回せば静電気が発生し、電極の間にパチパチと火花が散るというものだ。オランダから伝来し、もともと病気の治療用に開発された。

今ならごく単純な構造だが、触るとビリッとくるというので、当時、見世物小屋で大評判となった。源内はこのエレキテルの壊れたものを長崎で入手し、電気知識のなかった日本で、七年がかりで復元したのだった。現在、郵政博物館にそのときの現物が保存されている。

■「非常の人」を待ち受けていた悲劇とは

エレキテルに代表されるこうした源内の発明・工夫の数々は当時の人々を驚嘆させこそすれ、ビジネスとしてはほとんど成功しなかった。江戸時代という閉塞《へいそく》した封建社会にあっては彼のような存在は所詮《しょせん》異端児でしかなかったのである。

それはともかく、このエレキテルを製作したあたりが、源内が最も輝いていた時代だ。その後、坂道を転げ落ちるように破滅の道をひた走ることになる。そのきっかけは、皮肉にもエレキテルだった。

長年、源内の下で仕事を手伝ってくれていた職人に弥七という男がいた。ある日、この弥七が捕らえられてしまう。彼はエレキテルの人気に目をつけ、源内に内緒で人から資金を集めてエレキテル製作に乗り出したのだが、結局成功せず、詐欺《さぎ》で訴えられてしまったのだ。

源内のまったく預かり知らぬこととはいえ、この事件が引き金になり、「源内は大山師《やまし》だ」との評判が広まってしまう。日ごろ源内は天才ゆえに強い自負心と、そんな自分を受け容《い》れようとしない世間の冷たさに対し強い不満を持っていた。この事件によってその不満が一気に噴出し、精神に異常をきたしてしまう。以来、源内はますます奇矯《ききょう》な行動に出る。

安永八年（一七七九）、五十二歳になった源内は周囲が反対するのも聞かず、お化け屋敷と噂される屋敷に移り住む。その年の十一月二十一日、源内は自宅で友人二人を殺傷してしまう。彼が請け負った某侯別邸の庭修理の見積りのことで行き違いがあったのが原因という。事件直後、自殺を図るが失敗し、投獄される。

翌月十八日、源内はその罪も決まらぬうちに破傷風にかかり、獄死する。生前親しかった杉田玄白《すぎたげんぱく》が源内の墓碑文を次のようにしたためている。

嗟《アア》非常ノ人　非常ノ事ヲ好ミ行ヒ是《コ》レ非常　何ゾ非常ニ死セルヤ

せめて明治の時代に生まれていたなら、彼の活躍の場もあったであろうが、如何《いかん》せん、この世に登場するのが早すぎた。そんな源内の天才性を惜しんでか、獄死に関して異説も残っている。

源内は幕府の実力者・田沼意次《たぬまおきつぐ》の庇護を受けていたため、発狂した源内を意次が憐れみ、獄死した罪人の屍《しかばね》を源内のそれとして扱い、夜陰に紛れて源内を江戸から脱走させたというのだ。そして、源内は八十有余歳まで長生きしたという。むろん真偽は定かでない。

俳人・小林一茶は晩年の不運にどう立ち向かったか

■十五歳で故郷を出てから五十歳で戻るまで諸国を放浪する

我ときて遊べや親のない雀《すずめ》

めでたさも中くらいなりおらが春

やせ蛙《かえる》負けるな一茶これにあり

小林一茶《こばやしいっさ》は生涯に二万二千句もの俳句を残した。松尾芭蕉《まつおばしょう》の約一千句、与謝蕪村《よさぶそん》の約三千句と比べかなり多いことがわかる。一般に、俳句には一読しただけではわからない難解な作品が多いなか、一茶の句は平明でわかりやすく、しかも小動物や子供が多く登場する親しみがわく作品が目立つのが特徴だ。

一茶は信濃《しなの》国水内《みのち》郡柏原《かしわばら》村（現在の長野県上水内郡信濃町柏原）の出身。十五歳で故郷を出てから、俳諧師《はいかいし》として諸国を放浪し、故郷に戻ったのは五十歳のときだった。故郷で人生初の結婚をし家庭を持った一茶だったが、その後亡くなるまでの十五年間というものは次々と家庭の中で不幸が押し寄せ、けっして恵まれた晩年ではなかった。

生涯を通じて反目し合った継母《ままはは》や異母弟との関係を踏まえながら、一茶の晩年期に迫ってみよう。

■継母のいじめに耐えかね故郷を出る

小林一茶は宝暦十三年（一七六三）六月十五日、柏原村で中農小林弥五兵衛の長男として生まれた。俳聖・松尾芭蕉はその約七十年前に亡くなっている。

本名は弥太郎。三歳で生母くにを喪《うしな》い、八歳のとき新しい母はつ（一説にさつとも）を迎える。やがて異母弟の仙六が生まれると、がぜんはつの弥太郎に対する扱いが冷たくなる。弥太郎は幼い仙六の子守を任せられるが、仙六が泣くたびにわざと泣かせたとはつに叱られ、杖《つえ》でぶたれたという。

のちに一茶は当時のことを思いだし、日記の中で「日に百度、月に八千度」ぶたれたとこぼしている。日に百回なら、月に三千回だと思うが、そこは俳諧師のご愛嬌か。それはともかく、継母との折り合いが悪かったことは間違いない。

近所の子供たちはそんな母のいない弥太郎をいじめたため、弥太郎はどこにも居場所がなくなり、子守や農作業を手伝う以外は畑の物陰などに隠れ、一人でじっとしていることが多かった。きっと、虫や小鳥を話し相手として孤独を紛《まぎ》らせていたのだろう。

ただ一人、弥太郎をかばってくれていた祖母のかなが、弥太郎が十四歳のときに亡くなると、はつとの不和は決定的なものとなる。弥太郎は故郷から離れることを決意し、安永六年（一七七七）の春、十五歳で江戸へ奉公に出る。

その後の弥太郎だが、二十九歳の夏に父弥五兵衛の病気見舞いのため故郷に戻るまで、その間の十四年という歳月は謎に包まれている。自身の日記にもそのあたりのことが触れられていないところをみると、おそらくはあちこちの奉公先を転々としていたのだろう。

ただ、そうした根無し草のような暮らしを送るなかで弥太郎はいつしか俳諧に親しむようになる。二十五歳ごろから二六庵竹阿《にろくあんちくあ》、溝口素丸《みぞぐちそまる》らに師事したことがわかっている。「一茶」の俳号を用いるようになったのはこのころである。

弥太郎は父の病気見舞いで故郷を訪ねた際の旅の記録をのちに『寛政三年紀行』としてまとめたが、その中で、一茶の名の由来について、

「自分は西へ東へとさすらう身で、茶の泡のように消えやすいものだから、一茶と名乗った」

と述べている。

■十年以上も続いた継母らとの財産争い

さて、故郷で父の見舞いをすませた一茶はほどなく江戸へと戻り、その翌年の春、関西、中国、九州地方を巡る旅に出ている。その旅は三十六歳になるまでなんと六年間も続いた。各地に散らばる俳人仲間を訪ね歩きながら俳句修行を重ねた旅で、行く先々で一茶はたくさんの句を詠んでいる。たとえば、

初夢にふるさとをみて涙かな

これは、新年の初夢で故郷が出てきて、懐かしさのあまり涙が流れてしまった、という意味だ。このときの旅でものにした作品はのちに句集『たびしうゐ』『さらば笠』となって結実した。

三十九歳になり、帰心《きしん》止《や》み難《がた》くなった一茶は、寝たきりとなっている父弥五兵衛の看病のためと称し、再び帰省した。ところが、看病を始めてわずか一カ月で弥五兵衛は亡くなってしまう。臨終の床で弥五兵衛は、一茶と、はつ・仙六母子《おやこ》を枕元に呼び寄せ、

「財産を弥太郎（一茶）と二分してほしい」

と、はつと仙六に遺言する。この一言によって、その後十年以上続くことになる一茶と、はつ・仙六母子との激しい財産争いの幕が切って落とされたのである。

長男である一茶が故郷を出ている間、これまで財産を守ってきたのは自分たちの働きであって、突然帰ってきた一茶に財産を分けてやる義理はないと、はつ・仙六母子は主張した。

しかも、一茶が十五で故郷を去ったころの小林家の持ち高は四石（一石は一人を一年養える出来高）に少し欠けるものだったが、それを弥五兵衛が亡くなったこの時点で、はつ・仙六母子の働きで二倍以上の九石にまで増えていたのである。その九石を折半するというのでは、理屈に合わないと、はつらは突っぱねた。

しかし、一茶にも言い分はあった。継母のはつに家を追い出されなければ、自分

は余計な苦労をすることもなく、小林家の跡取りとして立派に家を守っていたはずである。それを考えたら、財産を折半するのは当然だと、こちらも譲らなかった。
こうして両者の争いはますます泥沼化していったのである。

■四人の子供と女房にも先立たれ元のひとりぼっちに

是《これ》がまあつひの栖《すみか》か雪五尺

この句を詠んだ文化九年（一八一二）十一月、五十歳になった一茶は永住を心に決めて故郷の信濃・柏原に帰った。

このころの一茶は、江戸では一廉《ひとかど》の俳人として知られるようになっており、江戸周辺の葛飾《かつしか》、下総《しもうさ》、上総《かずさ》などにいる自分の門人たちの間を定期的に回ってさえいればその謝礼で十分生計は成り立った。そうした生活の安定を放棄してまでも故郷に戻りたかったのである。

年が明けて正月十九日、父弥五兵衛の十三回忌の法事の席で、ようやく一茶と、はつ・仙六母子との間で和解が成立し、一茶は父の財産を分与される。重い肩の荷が下り、ほっと安堵《あんど》した一茶はその年の四月、親戚の勧めで、常田きくという女性と結婚する。人生初の結婚で、新郎五十二歳、新婦二十八歳であった。

父の田畑を分けてもらったといっても、長く江戸で暮らした一茶に農作業は無理だった。一茶は田畑を小作人に任せ、自身は俳諧の宗匠《そうしょう》として北信濃の門人の間を巡って指導の日々に明け暮れる。

文化十三年四月、長男千太郎が生まれる。ようやく家庭のぬくもりを得て喜ぶ一茶だったが、千太郎は生まれて一カ月足らずで夭折《ようせつ》してしまう。一茶の落胆ぶりは甚《はなは》だしかったという。

その二年後の文政元年（一八一八）五月、長女サトが誕生する。長男を喪った悲しみを埋めようとして、一茶はサトを溺愛《できあい》する。このころよんだ句が、

名月をとってくれろと泣く子かな

である。ところが、その長女も誕生日を迎えて間もなく、疱瘡《ほうそう》で亡くなった。悲嘆にくれる一茶。その後も、一茶の期待に応えようとしてきくは文政三年十月に次男をもうけるが、こちらも夭折した。さらに、同五年三月に三男を生むが、このときの出産が原因できくは体を壊し、病死してしまう。享年三十七。さらに不幸は重なり、母の死を追うように三男も亡くなった。一年九カ月の短い命だった。

こうして一茶はもとのひとりぼっちになってしまった。しかも、次男が生まれて間もなく、一茶は脳卒中で倒れ、体の自由がきかない身の上となっていたのである。まさに、踏んだり蹴ったりであった。

■六十四歳で三十二歳の女と三度目の結婚

そんな絶望の淵に沈む一茶のもとに、新たな縁談が持ち込まれる。相手は武家の娘雪《ゆき》、三十八歳である。一茶は六十二歳。二十四歳も若い新妻に喜んだ一茶は縁談を快諾し、雪と結婚するが、夫婦生活はわずか二カ月ほどで破綻《はたん》する。

理由ははっきりしないが、想像はつく。初夜の床から五回も交合《セックス》に及んだのだから、さぞや花嫁も驚いたに違いない。

一茶は生涯にわたって日記を書き続けたが、記録魔とでもいうのか露悪《ろあく》趣味とでもいうのか、最初に結婚してから夫婦の秘め事の回数を克明に記録していた。とにかく絶倫で、日記の中で「昼二交」とか「夜三交」とかいう文字がたびたび現れる。つまり、昼に二回、夜に三回、ことに及んだという意味だ。それもこれも、子供が欲しかったからにほかならない。

文政九年、一茶六十四歳のとき、三度目の結婚をする。相手は三十二歳の宮下やをである。やをには二歳になる連れ子（男）がいた。気立てのよい女性で、まめに家事をこなし、一茶の面倒もよくみた。

翌十年の初夏になり、やをが妊娠したことがわかり、一茶は狂喜する。しかし、どこまでも不運は付きまとった。閏《うるう》六月一日、柏原一帯に大火があり、一茶は焼け出されてしまう。一家は屋敷の中で焼け残った土蔵での仮住まいを余儀なくされる。そして、その年の十一月十九日の朝、一茶は脳卒中で倒れ、その日のうちに六十五歳で亡くなった。臨終の句は、次のようなものだった。

あゝまゝよ生きても亀の百分の一

翌年四月、やをは娘やたを出産する。このやたによって、一茶が念願していた自身の血脈がその後も継続することになる。

滑稽本作家に相応しい最期を遂げた十返舎一九の謎

■名コンビ、弥次さん・喜多さんの伊勢参り

十返舎一九《じっぺんしゃいっく》は、一七〇〇年代の後半から一八〇〇年代の前半にかけて活躍した滑《こっ》稽《けい》本作家である。代表作は『東海道中膝栗毛《ひざくりげ》』。おなじみの名コンビ、弥次郎兵衛《やじろべえ》と喜多八《きたはち》が江戸・品川を振り出しに東海道を下り、伊勢参りをすませ、京・大坂を見物するという道中もので、大ベストセラーとなった。

『膝栗毛』の初編が世に出たのは、享和二年（一八〇二）一月。翌年、浅草に高級料亭の八百善《やおぜん》が開店するなど、このころ江戸の人々は泰平を謳歌《おうか》し、新しい刺激を求めていた。そんなところに『膝栗毛』が出版され、旅心をくすぐられた人々はわれもわれもと弥次・喜多コンビのように東海道を下り始めたのである。

こうして一躍人気作家となった一九。彼自身はその後どんな人生を旅したのだろ

うか。

■江戸中の風呂屋や床屋は『膝栗毛』の話でもちきりに

十返舎一九の本名は重田貞一《しげたさだかつ》。明和二年（一七六五）、駿河府中の奉行所同心・重田与八郎の次男として誕生した。成人すると駿府町奉行・小田切土佐守の配下で書記となるが、下級武士の生活は苦しかった。十八歳のとき、土佐守に従い大坂に転勤する。一九は役人生活を続けながら年来の夢を実現すべく作家の勉強を始める。このころ、十返舎一九を名乗る。一九には香道のたしなみがあり、この号は香道の「十返し」という作法にちなむ。

やがて、創作活動に本腰を入れたいと考えた一九は役人を辞め、江戸へ出る。二十九歳のときである。江戸で一九は浮世絵などを出版する蔦屋《つたや》重三郎《じゅうざぶろう》のところに居候し、黄表紙（大人向けの絵入り小説）の制作に携わる。文章が書けて挿絵《さしえ》も描けるという器用なところが蔦屋に重宝がられ、一九は毎年二十冊ほどの黄表紙を書いた。忙しい創作活動のかたわら、狂歌の勉強にも励んだという。

そのうち、大ヒット作の『東海道中膝栗毛』を生み出す。一九が三十八歳のとき

滝沢馬琴と共にわが国初の職業作家となった十返舎一九

だ。当初は『浮世道中膝栗毛』と題して出版された。当時は『膝栗毛』のように人物の会話を中心に構成したごく読みやすいものがなく、これが庶民に受けた。

さらに、江戸の庶民には新鮮な旅先の珍しい風物や人情を、剽軽《ひょうきん》で下品な弥次・喜多コンビが面白おかしく案内してくれるというので読者の好奇心をあおった。この初編は江戸から箱根までの道中が描写され、一九は最初、これで完結させる予定だった。ところが、当時の娯楽小説としては爆発的なヒットとなり、続編をのぞむ声がわき起こる。

これに気をよくした一九は翌年第二編（箱根―岡部）、翌々年第三編（岡部―舞阪）……と毎年一編ずつ書き続け、第八編の大坂見物までを八年がかりで完結させる。編を重ねるごとに人気はうなぎ登りとなり、江戸中の風呂屋や床屋は『膝栗毛』の話でもちきりだった。この時代、各地に寺子屋ができ、庶民の識字率が一気に高まったことも人気に拍車をかけた。

東海道を踏破しホッとしたのも束《つか》の間、あまりの人気の高さに、一九は版元の要請でさらなる続編を書くことになった。物語の主人公弥次・喜多コンビは今度は四国の金毘羅《こんぴら》宮や安芸《あき》の宮島へ足を伸ばし、帰路は同じ道を通らず京都から中山道《なかせんどう》に入って信州の善光寺、草津を経て、ようやく江戸に戻る。江戸・板橋着の完結編が出版されたのは文政五年（一八二二）のことである。初編が出てから実に二十年の歳月が経っていた。この間、正続合わせて二十編が出たが、挿絵もほとんど一九自身の手によるものだった。

この『膝栗毛』のヒットにより、空前の東海道ブームが起こる。一七〇五年ごろに伊勢参拝（通称おかげ参り）を目的とした第一次旅行ブームが起きたが、この『膝栗毛』が火付け役となって起こった一八三〇年ごろの第二次ブームは前回の比ではなかった。

このときのおかげ参りでは実に五百万人もの人々が伊勢を目指したという。当時の日本の人口はおよそ二千七百万人（公家と武家を除く）と推定されており、このことから庶民のほぼ五人に一人が伊勢参りを行った勘定になる。

いずれにしろ、人気作家となった一九のもとには次から次へと原稿依頼が舞い込んだ。一九には『膝栗毛』の以前・以後にも傑作と呼べる作品はないが、それでも生涯に約三百の作品をものにした。こうして一九は曲亭《きょくてい》（滝沢）馬琴《ばきん》と共に執筆料だけで生活を維持した、最初の職業作家となる。

ところが、一九の家の台所はいつも火の車だった。それというのも、酒好き遊び好きで、おまけに無欲な性格から人に気前よく奢《おご》ってばかりいたからだ。特に晩年になるほど金遣いは荒くなり、原稿料が入ると仲間を呼んでそっくり飲んでしまうのがつねだった。

■貧乏はしても「元は武士」の気概を持ち続けた一九

このころの逸話だが、ある人が一九の家を訪ねると、家財道具はほとんど質に入っていて、さっぱりとした部屋の壁には白紙が貼られ、そこに箪笥《たんす》や床の間、鏡餅の絵まで描かれていたという。また、ある年の新春、年賀に来た客を無理やり風呂に入れ、その間に客の着物を拝借して年始回りを済ませたと伝えられる。

奇行には事欠かない一九だが、性格はいたって気難し屋だった。それを物語るこんな話がある。『膝栗毛』を愛読するさる金持ちが、一九を旅に誘ったことがある。こんな滑稽な本を書くくらいだから、弥次・喜多コンビのように愉快な旅ができるだろうと踏んだのだが、その期待は見事に裏切られる。

道中、一九はほとんど自分から話しかけることがなく、宿に着いたら着いたで、難しい顔をして日記をつけ、それが終わると黙って床に入るという繰り返しだった。金持ちは退屈な旅に愛想をつかし、途中で逃げ帰ったという。

一九の胸中に、貧乏はしても「元は武士」という気概だけは残っていたようだ。晩年、愛娘まいの美女ぶりを伝え聞いた某侯が、妾《めかけ》にと望んだことがあった。しかし一九は「あとでどんなに幸福に恵まれても、娘を妾に出してまで楽をしたいと思わない」と拒絶したという。

一九が亡くなったのは天保二年（一八三一）八月七日、六十七歳だった。死期を悟った一九は門弟を枕元に呼び、「死んでも湯灌《ゆかん》をせず、着物も替えるな。このまま棺桶《かんおけ》に入れ、必ず火葬にせよ」と遺言した。門弟は言いつけを守り、火葬にしたところ、凄まじい爆音が上がり、いくつもの花火が宙に飛び散った。一九は着物の下に花火を隠して死んだのである。

辞世は、

この世をば　どりゃおいとまに　せん香の　煙りと共に　灰左様なら

自らの死まで「笑い」で演出した一九こそは、筋金入りの滑稽本作家であった。

七代目市川団十郎はなぜ江戸追放の憂き目に遭うことになったのか

■市川家の中興の祖として名を残す七代目

市川団十郎といえば、『助六《すけろく》』『暫《しばらく》』『勧進帳《かんじんちょう》』などの豪快な荒事芸《あらごとげい》を得意とする江戸歌舞伎を代表する役者の名前だ。江戸の元禄期に活躍した初代団十郎から、平成の世の十二代団十郎までおよそ三百年以上も続いた大名跡《みょうせき》で、当然、この先も十三代、十四代と続くはずである。

初代から十二代まで、いずれ劣らぬ名優を輩出《はいしゅつ》しているが、とりわけ役者としての才能や人気もさることながら、十二人の中で飛び抜けて波瀾《はらん》に富んだ一生を送った団十郎がいる。それが、七代目市川団十郎である。

七代目団十郎は、江戸の町人文化が花開いた文化・文政期（一八〇〇年代初頭）を中心に活躍した役者だ。市川家の中興《ちゅうこう》の祖《そ》ともいわれる人物で、市川家の芸として今日に伝わる『歌舞伎十八番』を制定したことでも知られる。

そんな七代目団十郎が、人気が絶頂期を迎えていた五十代前半に突如、幕府の命令で江戸を追放され、旅回りの憂《う》き目《め》に遭ってしまう。しかも、その旅回りの最中《さなか》に、息子で芸の後継者である八代目団十郎が謎の自殺を遂げるという事件にも遭遇しているのだ。

一体、なぜ七代目団十郎はこんな悲劇に見舞われることになったのだろうか。そのあたりの真相を解明するため、いざ舞台の幕を開けることにしよう。

■役者としてはオールラウンドプレーヤー

七代目市川団十郎は、寛政三年（一七九一）に江戸で生まれた。母は五代目団十郎の次女すみで、生後間もなく六代目団十郎の養子となった。同六年、市川新之助の名で初舞台を踏むと、その二年後、六歳で『暫』をつとめる。

寛政十一年、六代目団十郎が二十二歳の若さで急死したため、翌年、わずか十歳で七代目団十郎を襲名《しゅうめい》した。文化三年（一八〇六）には祖父の五代目団十郎が亡くなって後ろ盾《うしだて》を失うが、同八年、二十一歳で『助六』を演じてからというもの、

『暫』『毛抜《けぬき》』『不動《ふどう》』など市川家に伝わる人気演目に次々と挑戦し、そのいずれもで観客の喝采《かっさい》を浴びている。

七代目団十郎は、内面的で写実的《リアル》な演技が要求される「実事《じつごと》」をはじめ、「実悪《じつあく》」「色悪《いろあく》」「女形《おんながた》」までなんでもござれの万能型の役者だった。とりわけ『東海道四谷怪談』の民谷伊右衛門《たみやいえもん》のように色気のある悪役——色悪を得意としていた。体躯《たいく》は小柄だったが、目玉が大きく、朗々《ろうろう》たる美声の持ち主で、まさに荒事を演じるには最適な条件を備えた役者だったといわれている。

七代目団十郎が最も輝いていたこの文化・文政期というのは、松本幸四郎（五代目）、中村歌右衛門（三代目）、坂東三津五郎《ばんどうみつごろう》（同）、尾上《おのえ》菊五郎（同）ら名優が綺羅《きら》星《ほし》の如《ごと》く登場しており、それらの名優と切磋琢磨《せっさたくま》するなかで団十郎は着実に自らの芸を築き上げていったのである。

天保三年（一八三二）三月、四十二歳になった七代目は、長男に八代目団十郎を継がせると、自らは五代目海老蔵を名乗る。そして、成田屋（市川団十郎家の屋号）相伝《そうでん》の荒事十八種類を選び、これを『歌舞伎狂言組十八番』と題した摺物《すりもの》にして贔屓《ひいき》客に配った。『歌舞伎十八番』の始まりである。

天保十一年には、初代団十郎没後百九十周年追善《ついぜん》興行として『勧進帳』を演じた。この『勧進帳』は初代団十郎のころからある演目だが、新たに山伏の武蔵坊《むさしぼう》弁慶《べんけい》と関守《せきもり》（関所の番人のこと）富樫左衛門《とがしさえもん》とのテンポのよい問答を挿入するなどの演出上の工夫が奏功し、大当たりをとった。この通称「山伏問答」は、能の『安宅《あたか》』に取材し、さらに講談の要素も取り入れたものだといわれている。

こうした『歌舞伎十八番』の制定や『勧進帳』の大当たりによって、市川団十郎家は特別な地位と権威を高めることに成功し、江戸歌舞伎を代表する大名跡へと上り詰めていったのである。

■幕府の見せしめにされた千両役者

天保十三年四月六日、五十二歳になった七代目は突如《とつじょ》、江戸南町奉行所から手鎖《てぐさり》・家主預かりの処分を言い渡され、さらに江戸十里四方追放に処せられる。

ときはあたかも老中水野忠邦《みずのただくに》による「天保の改革」のまっただ中であった。天保四〜七年にかけての全国的な大飢饉《だいききん》によって米価が暴騰《ぼうとう》し、庶民の生活を圧迫した。幕府はその打開策としてぜいたくな料理や装飾品、歌舞伎などの庶民の娯楽にことごとく制限をかけた。歌舞伎興行の中村座、市村座、森田座の江戸三座も神田などから、当時はさびれた郊外《こうがい》だった浅草へと強制的に移転を命じられている。

当時、年に千両以上を稼ぐ文字通り「千両役者」であった七代目は、私生活では妻や妾《めかけ》を次々と取り替え、豪華な屋敷に住んでいた。そうした派手な暮らしぶりが幕府の逆鱗《げきりん》に触れ、今回の江戸追放処分へとつながったのだった。

ふだんなら千両役者ゆえに多少は奢侈《しゃし》が過ぎても、これほどきついお咎《とが》めをくらうことはなかっただろうが、時代が悪かった。七代目団十郎は人気者であるがゆえに幕府によって綱紀粛正《こうきしゅくせい》のための見せしめにされてしまったのである。

江戸を追放された七代目は、一時成田山新勝寺延命院に身を寄せる。市川宗家と成田山の結びつきは古く、初代団十郎の父が成田山の近くの出身だった。さらに祖先をたどると甲州（山梨）の武田武士に行き着くという。

跡継ぎに悩んでいた初代団十郎が、信仰していた成田山に祈願したところ、めでたく男子（二代目団十郎）を授《さず》かったことから、代々の団十郎は成田山詣《もう》でを欠かさなかったのである。

明けて天保十四年二月、七代目は駿府《すんぷ》（静岡）へと移り、そこでしばらく滞在したのち、大坂に移住する。そして大坂を拠点に、京、大津、桑名などを回って芝居の舞台に立った。

■律義で生真面目な八代目の突然の死

嘉永《かえい》二年（一八四九）、七代目団十郎の赦免《しゃめん》がようやくかなった。追放から七年の歳月がたっていた。江戸に舞い戻った七代目は再び舞台に立つが、不思議なことにすぐにまた旅興行に出ている。その理由だが、大坂で負った借金を返済するためとも、気ままな旅回りが気に入ったからともいわれ、はっきりしない。

嘉永七年八月、関西を回る旅興行の途中に、江戸から呼び寄せた息子の八代目団十郎が大坂の宿屋で自殺するという不幸に見舞われる。事件は、父と一緒の芝居に出るはずだった、まさにその初日に起こった。まだ三十二歳という若さであった。

八代目は、豪放《ごうほう》でわがままな父とは対照的に律義《りちぎ》で生真面目《きまじめ》な性格だったという。すこぶる美男子で、『与話情浮名横櫛《よわなさけうきなのよこぐし》』の与三郎などはまさにはまり役だった。八代目の人気のすさまじさを物語る逸話《いつわ》はいくつも残されている。たとえば、『助六』を演じた際、助六が飛び込んだ天水桶《てんすいおけ》の水が、芝居が跳《は》ねたのち、徳利《とくり》一本一分《いちぶ》（一両の四分の一）という高額で飛ぶように売れたという。

肝心の自殺の原因だが、父に頼まれて仕方なく大坂の舞台に立とうとしたが江戸の興行主には無断出演だったから、浪費に明け暮れ高利貸しからも借金を重ねる父の行状を悲観したから、九代目団十郎の襲名を巡って家族（父の妻や妾たち）との折り合いが悪くなったから――など様々な説が挙がっているが、真相は不明だ。

安政五年（一八五八）五月、七代目は六年ぶりに江戸に戻った。翌年正月、中村座において『正札附根元草摺引《しょうふだつきこんげんくさずりびき》』で曽我五郎《そがのごろう》を演じたのを最後に、同年三月二十三日、巷《ちまた》では大老井伊直弼《いいなおすけ》の大獄《たいごく》の嵐が吹き荒れるなか、六十九歳で没した。

七代目団十郎という人は、自らの芸に厳しく、歌舞伎の面白さをとことん追求した役者でもあった。ところが、一介の市井人《しせいじん》として見た場合、次々と新しい女をつくったり、稼いだ金を湯水のごとく使い、足りなくなれば借金を重ねたりと、誰にとっても身内にはいてほしくない欠陥人間である。しかし、当時の庶民はそんな破天荒な団十郎を愛し、その生き様も含めて、

「次は何を見せてくれるのだろう」

と、きっと胸をわくわくさせていたに違いない。

『東海道五拾三次』を描いた歌川広重にその後起こった「ある出来事」

■生活費を稼ぐため十三歳で浮世絵師の門を叩く

十返舎一九《じっぺんしゃいっく》が滑稽本《こっけいぼん》『東海道中膝栗毛』の初編を発表してから約三十年後、今度は東海道の各宿場を絵で紹介した『保永堂版東海道五拾三次』が出版され、人々の喝采《かっさい》を浴びた画家がいる。浮世絵師・歌川《うたがわ》（安藤）広重《ひろしげ》である。

江戸の日本橋から京の三条大橋に至る五十三の宿場の風景を描いた揃《そろ》い物で、その土地に生きる人々の暮らしを、季節感を盛り込みながら大胆な構図で描写した抒《じょ》情《じょう》的で旅情あふれる作品だった。

十返舎一九の項でも触れたように、天保元年（一八三〇）ごろ、日本全国で伊勢参りの一大ブームが起きており、このブームの直後に出版された広重の『東海道五拾三次』は伊勢参りを済ませた人たちに飛ぶように売れた。

この作品で広重は「風景画の巨匠」と呼ばれるようになる。このとき広重三十七歳。以来、有名画家となった広重に作品の注文が相次ぐが、生活の貧しさは以前とほとんど変わることはなかった。一体、その後の広重に何があったのだろうか。

歌川広重は寛政九年（一七九七）、江戸八代洲（八重洲）河岸《かし》の定火消同心《じょうびけしどうしん》・安藤源右衛門の子として生まれた。本名は重右衛門。同じ東海道ブームを起こした十返舎一九とは下級役人の出身同士というのが興味深い。

広重十三歳のとき、両親を相次いで喪《うしな》い、家督を相続する。暮らしは貧しく、広重は生活費を稼ぐため、かねて得意にしていた絵を習い始める。当時、歌川豊国とは浮世絵画壇の双璧だった歌川豊広の門を叩き、師匠の「広」と本名の「重」をくっつけ、「広重」の画号をもらう。

天保二年、『東海道五拾三次』を出す二年前のことだが、広重は『東都名所』シリーズを発表、抒情性豊かな作風を示し、風景画家としての資質を開花させる。これが自信となったのであろう、翌年、子の仲次郎が正式に定火消同心になったこともあり、広重は隠居し、絵筆一本の生活に専念する。

その年の七月、広重は幕府の命で京都へ赴く。将軍家が朝廷に馬を献上することになり、その「御馬進献《しんけん》」の儀式の様子を絵で記録するよう命じられたのである。広重にはこれが幸いした。東海道の行き帰りに多くのスケッチができたからだ。翌年、このスケッチを基に『東海道五拾三次』を発表し大当たりをとる。

■「安政の大地震」が絵を描くエネルギーに

その後、広重のもとには絵の注文が次々と舞い込み、『近江八景』『江戸近郊八景』、さらに渓斎英泉《けいさいえいせん》が途中で投げ出した『木曾街道六拾九次』などの名所絵シリーズを完成させた。こうして風景画家として確固たる名声を得た広重であったが、生活の貧しさは何ら変わることはなかった。

その一番の理由は画料の安さにあった。当時の浮世絵でも小説本でも、現代の画料・稿料とは比べものにならないほど安かった。現代なら当たり前の、再版した際の「印税」さえなかった。何回刷り直して何千何万部売れようとも作家（画家）の懐には最初の制作料以外、一銭も入らなかったのである。

そのため当時の作家（画家）は、裕福な後援者（パトロン）でもいない限り、ほとんどは金の心配ばかりしてその日その日を送っていた。その安い画料の中でも、美人画に比べて風景画はさらに安かったという。こうした当時の出版事情に加えて、広重が抱える複雑な家庭の事情も貧乏の一因だった。

広重は四十代の半ばで妻を喪い、続いて仲次郎が病床につき出仕できなくなる。そこで、金を払って仲次郎の代わりの者を出さなければならなかった。仲次郎が亡くなるまでの約四年間、それは続いた。さらに、広重の妹さだが子供を残して死に、夫で僧侶の了信は女犯《にょぼん》の罪で八丈島へ流され、それらの面倒も見ることになった。切羽詰った広重は自分としては得意でない美人画や枕絵（春画）まで描いて金を稼ごうとした。

この一八四〇年代後半から五〇年代にかけてというのは、広重の作品の質が濫作《らんさく》によって最も低下した時期だ。広重ももう終わりか、と世間の誰もが思った矢先、広重は『名所江戸百景』によって不死鳥のようによみがえる。

『名所江戸百景』の刊行が始まったのは安政三年（一八五六）一月、広重六十歳のときだ。このシリーズは構図の奇蹟と言われ、広重の目は鳥のように自由に空を飛び、あるいは虫のように地面を這《は》い、筆一本で巨大な江戸の街を描ききった。前年十月に起こった「安政の大地震」によって江戸市中は壊滅状態になっており、復興

構図の奇蹟と言われた歌川広重の『名所江戸百景』

の最中に制作されたものだが、その絵からは微塵《みじん》も震災の影は感じとれない。

おそらく広重は「以前の江戸に一日も早く戻ってほしい」と念じつつ、記憶にある美しい江戸の街々を呼び起こしながら描いたのであろう。言い方をかえれば、江戸の復興を願う気持ちがエネルギーとなって広重に筆を執《と》らせたのである。この『名所江戸百景』は、『東海道五拾三次』と並ぶ、まさに広重畢生《ひっせい》の傑作だ。のちにこれがヨーロッパに伝わり、ゴッホやモネなど印象派の画家たちに大きな衝撃を与えたことはご存じのとおりだ。

■『名所江戸百景』完成後の悲劇

二年後、『名所江戸百景』は完結する。この年、江戸は夏から秋にかけてコレラが猛威をふるい、広重も感染してしまう。死を覚悟した広重はこんな遺言を残した。

「居宅を売って久住殿の借金を返済してほしい。何事も金次第であるが、その金がないので、どうぞ収まりのよい方法を皆で考えてほしい……」

死の間際までも、居宅を売却しなければならないほど、金に困っていたことがわかる。安政五年九月六日没、享年六十二歳だった。

日本に大きな足跡を残したクラーク博士のもうひとつの顔

■新渡戸稲造や内村鑑三らにも強い影響を与える

「歴史上の有名人の名言を一つ挙《あ》げよ」と質問されて、あなたは誰の名言を思い浮かべるだろうか。

人の一生は重荷を負うて遠き道をゆくが如《ごと》し。急ぐべからず（徳川家康）
為《な》せば成る為さねば成らぬ何事も成らぬは人の為さぬなりけり（上杉鷹山《ようざん》）
日本を今一度せんたくいたし申候《もうしそうろう》（坂本竜馬）
天は人の上に人をつくらず人の下に人をつくらず（福沢諭吉）
板垣死すとも自由は死せず（板垣退助）

——などなど枚挙にいとまがないが、明治初期に日本にやってきたクラーク博士が残したとされる、次の名言を挙げる人も多いだろう。

少年よ、大志を抱け！

クラーク博士といえば、アメリカから札幌農学校（現在の北海道大学の前身）の開校に合わせて来日した人物だ。わずか滞在八カ月だったが、のちに「教育の奇跡」と称されるほど、新渡戸稲造《にとべいなぞう》や内村鑑三《うちむらかんぞう》など多くの学生に影響を与えたことで知られる。そんなクラーク博士がアメリカに帰国後、どんな晩年を過ごしたのか、実はあまりよく知られていない。

調べてみると教育者の道を捨てたクラークは鉱山事業に手を出し、それが失敗したことで周囲から「山師《やまし》（詐欺師《さぎし》と同義）」のレッテルを貼られてしまうなど、日本と違って母国ではあまり評判がよろしくないのだ。

一体なぜこんなことになってしまったのだろうか。クラーク博士のあまりにも野心的な晩年期をたどってみよう。

■校則はただひとつ「紳士たれ」

ウィリアム・スミス・クラークは一八二六年、米北東部マサチューセッツ州で医者の子として生まれた。名門アマースト大学を卒業後、ドイツにも留学している。

短い滞在でも日本の教育界に多大な影響を与えたクラーク博士

その後、母校の講師に迎えられ、化学や動物学・植物学などを教えた。

一八六一年四月、南北戦争が始まると、リンカーンの奴隷解放政策に共鳴し、三年間、義勇軍の一兵士として戦場に赴《おもむ》く。少佐を振り出しに最後は大佐の上の准将《じゅんしょう》まで昇格した。軍人としてもよほど優秀だったのだろう。

故郷に戻ったクラークはアマースト大学に復職。その後、マサチューセッツ農科大学が創立されると、第三代学長（実質的には初代学長）に就任した。

アマースト大学で教鞭《きょうべん》をとっていたころ、学生の中に同大学初の日本人留学生がいた。その人物こそ、のちに同志社大学を創立した新島襄《にいじまじょう》である。この新島の紹介を受けた日本政府から、クラークに対し、訪日を促す熱心な誘いが舞い込む。その熱意に打たれたクラークは、一年間の休暇をとり、未知の国・日本へと旅立つことを決意する。こうしてマサチューセッツ農科大学の卒業生二人を伴い、日本の土を踏んだのは明治九年（一八七六）六月二十九日のことだった。このときクラークは五十歳。

いわばクラークは、「お雇《やと》い外国人」の一人として来日を果たしたわけである。お雇い外国人とは、幕末から明治にかけて、「殖産興業《しょくさんこうぎょう》」などを目的として、欧米の先進技術や学問、制度を学ぶために雇用された外国人のことで、欧米人が多かった。

一八六八〜八九年（明治元〜二十二）にかけて日本の公的・私的機関が雇用したお雇い外国人ののべ人数は二千六百九十人と記録されている。最も多いのがイギリス人（四二％）で、ついでアメリカ人（一五％）、フランス人（一二％）……と続く。雇用先としては、イギリス人は鉄道や建築などの分野に、アメリカ人の場合は教師、フランス人の場合は陸軍からの引き合いが多かった。

ちなみに札幌農学校の教頭になったクラークの月給は六百円。現在の貨幣価値に換算すると約一千万円という高額なものだった。

札幌農学校でのクラークは、主に英語と植物学を教えた。つねに生徒の自主性を尊重するという教育方針で臨《のぞ》んだため、儒教《じゅきょう》思想に縛《しば》られていた当時の日本の若者たちは戸惑うことが多かった。こんな逸話が残っている。

札幌農学校の校則を制定することになり、日本の先生方が長文でしたためた骨子案をクラークに見せ、意見を聞いた。するとクラークは、

「Be gentleman（紳士たれ）」

この一言で十分だと言ったという。

■君たちもわたしのように野心的であれ

明治十年五月二十四日、クラークは滞在八カ月で日本を去った。離日にあたり、見送りの生徒たちに例の名言を残している。

「Boys Be Ambitious!（少年よ、大志を抱け）」

このアンビシャスという英単語は、実際には「野心」の意味合いが強いという。のちに日本語に翻訳した人が、純粋な若者には「野心」よりも「大志」のほうがふさわしいと気をきかせたのだろう。

しかも、このクラークの言葉にはまだ続きがあった。正確にはこう言ったという。

「Boys Be Ambitious! Like this old man」

つまり、「この老人（クラーク自身のこと）のように、君たち若者も野心的であれ」とクラークは言ったのである。

いずれにしろ、こうしてクラークは日本を去った。帰国したクラークはマサチューセッツ農科大学を辞職し、ニューヨークに移って洋上大学設立を画策するも、生徒が集まらず、断念する。

その後、知人・縁者から資金を集め、ウォール街に鉱山会社を設立する。当初こそ利益を上げたが、一八八二年五月にあっけなく倒産した。すると、「この山師、金を返せ」と怒った出資者たちから裁判を起こされてしまう。クラークはこの裁判に敗れ、しかも精神的ショックから肺炎や心臓病を患《わずら》うはめに陥る。

結局、クラークは一八八六年（明治十九）三月九日に五十九歳で亡くなるのだが、晩年は体調が悪いこともあり、家の中でこもりきりだった。病床《びょうしょう》でクラークは一体どんな新しい野心を夢見ていたのだろうか。

クラークの葬儀は、「山師」という悪評のためにひっそりと執《と》り行われた。このときちょうどアメリカに札幌農学校出身の内村鑑三が留学していた。内村は、クラークとは直接面識はなかったが、新聞にクラークを弁護する一文を寄稿したところ、クラークに被害を被《こうむ》った人たちから非難が殺到したという。

〝史上最弱の横綱〟といわれた男女ノ川の明されなかったその後

■『のたり松太郎』のモデルにもなった巨人力士

男女ノ川《みなのがわ》登三《とうぞう》は、不滅の六十九連勝を記録した双葉山《ふたばやま》と同時代に活躍した大相撲の力士である。双葉山の一代前の第三十四代横綱でもある。現役時代は巨体とその独特の容貌《ようぼう》から「動く仁王《におう》」「昭和の雷電《らいでん》」とも呼ばれた。また、漫画ファンの間では、ちばてつやの名作で、破天荒な力士・坂口松太郎の活躍を描いた『のたり松太郎』のモデルになった人物としても知られている。

この男女ノ川、戦前・戦後を通じて史上最弱の横綱と呼ばれているのをご存じだろうか。なにしろ横綱時代の成績は八十七勝五十五敗二十二休で、勝率は六割一分三厘。双葉山の横綱時代の勝率八割八分二厘（百八十勝二十四敗二十二休）と比べるのは酷というものだが、それにしても横綱としては物足りない成績だ。

史上最弱横綱と言われながら優勝２回の男女ノ川

とにかく取り口にむらがあり、巨体を利しての突っ張りや極《き》め出しは豪快無比、さながら金剛力士の再来を思わせたが、気が乗らないと平幕相手にもコロリと負けてしまった。横綱在位十二場所中、横綱らしい成績を上げたのは昭和十四年（一九三九）一月場所の十一勝二敗（当時は十三日制）くらいで、あとはどうにかこうにか勝ち越すのが関の山だった。昭和十三年五月場所では「皆勤負け越し」という不名誉な記録も作っている。

男女ノ川という力士は、むしろ土俵の外で話題を振りまくことが多かった。マイカーがまだ珍しかった時代、自らダットサン（日産自動車）を運転して場所入りしたり、早稲田大学の聴講生に志願したり、生け花を習いに通ったりとなにかとマスコミに話題を提供した。そのつど相撲協会側と衝突したことは言うまでもない。

そんな男女ノ川は引退後、一代年寄・男女ノ川となり、いったんは相撲協会に残るが、引退から三年後、突然廃業する。その後の男女ノ川の人生はまさに波瀾万丈で、衆議院議員候補、保険外交員、土建業、映画俳優、私立探偵にまで手を出した。一体、男女ノ川は何を目指していたのだろうか。一時は双葉山の好敵手《ライバル》とまでいわれた男の、おかしくも哀しい後半生をたどってみた。

■巨体を見込まれ二十二歳で角界に入る

坂田供次郎《さかたともじろう》、のちの男女ノ川登三は明治三十六年（一九〇三）九月十七日、茨城県筑波郡《つくば》菅間村《すがま》（現在のつくば市）で農家の三男として誕生した。六歳のとき父五十吉《いそきち》が日露戦争で戦死し、母の手ひとつで育てられた。小さいころから巨体で力も強く、「坂田の金時」の再来と称された。

大正十二年（一九二三）夏、供次郎二十一歳のとき、高砂部屋の力士一行が茨城県に巡業で訪れる。部屋の力士・阿久津川《あくつがわ》にその巨体を見込まれた供次郎は再三入門を勧められる。

このころ供次郎は地元で茅葺屋根《かやぶきやね》の職人をしていた。身長六尺（約百八十センチ）、体重三十貫（約百十キロ）の巨体が屋根に取り付いている姿を想像するとなぜかおかしい。実際、その巨体ゆえに屋根を何度も踏み抜いてしまったという。

翌十三年一月、相撲取りになることを決心した供次郎は、名古屋場所中の阿久津川を訪ね、そのまま高砂部屋に入門。ただちに「男女ノ川」のしこ名で初土俵を踏んだ。これは筑波神社の宮司《ぐうじ》が命名したもので、郷土の誇りでもある筑波山の峰を

流れる同名の川をよんだ、

　つくばねの峰より落つるみなの川恋ぞつもりて淵となりぬる

という百人一首の陽成院《ようぜいいん》の歌に由来する。

男女ノ川は初土俵から負け越し知らずの快進撃を続け、部屋の関係者からは将来の大関・横綱候補と期待される。昭和二年一月場所では新十両に昇進。翌三年一月場所で念願の新入幕を果たす。

昭和五年一月、小結。男女ノ川同様、将来を嘱望《しょくぼう》された武蔵山《むさしやま》（のちの三十三代横綱）との対戦は人気を呼び、この場所千秋楽での二人の取り組みは、国技館を十八年ぶりに満員札止めにした。

六年一月、関脇。この年の五月場所直前に、右足の関節炎を患う。一時は再起不能とまでいわれたが、奇跡的に回復し、八年一月場所において十一戦全勝（当時は十一日制）で初優勝を遂げる。

九年一月、西関脇で二度目の優勝。成績は九勝二敗。次の五月場所で大関となる。このあたりが男女ノ川の力士としてのピークで、身長六尺二寸九分（約百九十一センチ）、体重四十貫（約百五十キロ）という堂々たる体格だった。

■双葉山とは七回戦って全敗を喫す

昭和十一年五月場所で男女ノ川は晴れて横綱を許される。入門から十三年、三十四歳のときだった。横綱になってからの男女ノ川は、先述したように昭和十四年一月場所の十一勝二敗が最高で、あとはパッとした成績を上げていない。

これは十二年春に発症した坐骨神経痛の影響が大きかった。特に、双葉山とは相性が悪く、男女ノ川は横綱同士として双葉山とは計七回対戦しているが、一度も勝てていない。横綱同士の取り組みではまことに珍しい記録だ。

求道《きゅうどう》的な近寄りがたい雰囲気を全身から漂わせる双葉山に対し、飄々《ひょうひょう》たる土俵態度で勝つときは無類の強さだが負けるときはあっけない男女ノ川――という二人の相撲は好対照だった。男女ノ川の横綱時代は人気力士双葉山の引き立て役に甘んじたといってよいだろう。

男女ノ川は昭和十七年一月場所の九勝六敗を最後に、三十九歳で引退する。千秋楽の一番は双葉山だった。幕内通算成績は二百四十七勝百三十六敗一痛分《いたみわけ》三十三休、優勝二回。

引退後、「横綱一代年寄」制度最初の適用を受け、男女ノ川のまま年寄となる。そして十九年一月、理事に推されるも、本人の勤務態度が悪いこともあって、太平洋戦争終戦の年の二十年六月、突然廃業する。この年の十一月、同じく横綱で引退し、理事を務めていたかつての好敵手の一人、武蔵山も廃業し、角界を去っている。男女ノ川も武蔵山も終戦前後の混乱の中で、大相撲の将来性が見いだせなくなっていたのかもしれない。

■最後に残った元横綱としての矜持

廃業後の男女ノ川は、勧める人がいて戦後第一回目の衆議院議員選挙に東京二区(現在の三鷹あたり)から立候補するも、惨敗。その後、再度衆議院議員選挙や地方選挙に打って出るが、いずれも落選してしまう。これらの選挙活動で男女ノ川の蓄えはほとんど底をついてしまった。

困った末に、今度は私立探偵を始めることにしたが、百九十センチを超える大男が、相手に気付かれないように尾行することなどできるはずもなく、あっさり廃業。それからは金融会社の相談部長、保険外交員などになり、ハリウッド映画にも出演した。

ジョン・ウェイン主演の『黒船』という映画で、日本総領事ハリスを演じるウェインを投げ飛ばす相撲レスラーの役回りだったが、このころの男女ノ川の足腰は関節炎や神経痛によって杖《つえ》がないと歩けないほどガタガタで、ウェインを抱え上げることができず、ロープで吊り上げてどうにかこうにかそのシーンを撮り終えたという。

こうして男女ノ川が職業を転々とするうち、妻子は愛想を尽かし男女ノ川のもとを去ってしまう。やがて脳卒中を患い、いよいよ歩行が困難となったため、東京・保谷の養老院に入所した。昭和三十八年ごろのことである。

かつて双葉山と戦った男女ノ川が体を壊し養老院に入っているというニュースが新聞で報道されると、それを憐れんだ相撲協会側は募金を呼びかけ、集まったお金を男女ノ川に渡したという。ところが、どうしても政治家になりたかった男女ノ川は、よせばいいのにそのお金をもっと増《ふ》やして選挙資金（三鷹市長選を狙っていた）にしようと目論見《もくろみ》、競艇につぎこむが、案の定、すってんてんになってしまう。

しかし、捨てる神あれば拾う神ありだ。今度は相撲愛好家で、東京・武蔵村山にあった鳥料理店の経営者に請《こ》われ、住み込みで働くことになった。今でいう「客寄せパンダ」である。

来店客は下足番が男女ノ川であることを知ると、写真やサインを求めてきた。男女ノ川はそれらに気軽に応じたが、ただひとつ、色紙に手形を押すことだけは拒《こば》んだ。理由を聞かれ、

「こんなヨボヨボの爺さんの手形もらったって仕方ないだろう」

と答えたという。今ではすっかり痩《や》せ細り、シワも増えてしまった手形を残すことは、元横綱の矜持《きょうじ》にかけて許せなかったのであろう。

昭和四十六年一月二十日、男女ノ川は脳出血で亡くなった。享年六十七。この日は奇《く》しくも、のちに「若貴ブーム」で弟貴乃花光司《こうじ》と共に一時代を築いた若乃花勝《まさる》（第六十六代横綱）が生まれた日であった。

4 突如、歴史の表舞台に立ったその人の行方

鹿ケ谷事件で孤島に流された僧・俊寛がたどった知られざるその後

■南海の孤島に一人とり残されてしまう

歌舞伎や能楽に多少なりとも興味がある人なら、『俊寛《しゅんかん》』という演目があるのをご存じだろう。

平家打倒の陰謀が発覚し、陰謀を企てた仲間二人と共に南海の孤島に流された僧・俊寛。翌年、許されて都へ帰ることになったが、それは俊寛以外の二人だけで、俊寛だけは島に残るよう命じられる。仲間が乗った船を泣きながら岸壁で見送る俊寛。都にいる家族と離れ離れになり、孤島に一人とり残された男の絶望感や孤独感が観客の心にひしひしと伝わってくる名場面である。そんな俊寛は、はたしてその後島でどんな暮らしを送ったのだろうか。

治承元年（一一七七）、京都・鹿ケ谷《ししがたに》において大納言藤原成親《なりちか》を中心とする後白河院の近臣たちによる平家打倒の計画が練られる。ところが、形にならぬうちに平《たいらの》清盛《きよもり》の知るところとなり、首謀者たちは捕らえられ、処罰される。その中にいた法《ほっ》勝寺《しょうじ》の俊寛僧都《そうず》（僧都は僧正に次ぐ高位）は陰謀仲間の藤原成経《なりつね》（成親の子）、平康頼《やすより》の二人と共にその年の六月、南海の孤島・鬼界ケ島《きかいがじま》へ流される。

鬼界ケ島の場所については特定されていないものの、鹿児島・枕崎の南方五十キロメートルほどの海上に浮かぶ硫黄島説、奄美大島の東の海上に浮かぶ喜界島説などが有力視されている。

俊寛らが島に入って一年後、清盛の次女・徳子（のちの建礼門院）の懐妊に伴う恩赦《おんしゃ》が実施され、鬼界ケ島の流人たちは帰洛《きらく》できることになった。しかし、俊寛だけは許されず、そのまま島に留まるよう命じられる。俊寛は岸壁を離れていく船に向かい、「これ乗せてゆけ、具《ぐ》してゆけ」と、足摺《ずり》（じだんだを踏むこと）しながら泣き叫んだと『平家物語』に記されている。

さて、島に残ることになった俊寛。一時は絶望感から海に身投げすることも考えたが、都に暮らす家族を思い、それは断念する。俊寛は飢えで衰弱した体に鞭《むち》打ち、生計の道を探る。

あるときは山に登って硫黄《いおう》を採《と》り、九州からやって来た商人に売って代わりに食べ物をもらった。またあるときは、海岸で貝や海藻を拾ったり、島の漁師に頼み込んで魚を分けてもらったりしてどうにか命をつないだ。わずか一年前まで、広大な法勝寺領を管掌《かんしょう》する立場にあり、後白河院の近臣として権勢を誇った俊寛だったが、それからは想像もできない悲惨な暮らしぶりだった。

治承三年三月、そんな俊寛のもとに都から一人の若者が訪ねてくる。名を有王《ありおう》といい、昔、俊寛の従者をしていた男だった。有王は主人の身を案じて遠路はるばる訪ねてきたのだった。ある朝、有王は俊寛と海岸で劇的な再会を果たす。向こうのほうから蜻蛉《とんぼ》のように痩せこけ、ぼろ着を身にまとった男が片手に小魚、片手に海藻をさげ、よたよたと歩いてくる。それがかつての主人、俊寛だった。

■絶食し念仏三昧の日々を送る

俊寛は目の前の若者が有王だとわかると、自分の落ちぶれ果てた姿を恥じ、手にした魚や海藻をその場に投げ捨てたという。

俊寛は有王から都に暮らす妻子が亡くなったことを聞く。絶望感に苛《さいな》まれる俊寛。さらに、ひとり、奈良のおばのもとに身を寄せている十二歳の娘から託《ことづか》ってきた手紙を見せられ、「この子の行く末が心配だ」と涙を流す。

有王はそんな俊寛を憐れみ、この島で世話をしたいと申し出る。しかし、俊寛は有王にまで辛い思いをさせるのはしのびないと考え、以後、食事を摂《と》るのを止め、念仏三昧《ざんまい》の日々を送る。

有王が島に渡って二十三日目、粗末な庵《いおり》で俊寛は没した。三十七年の生涯だった。有王は泣きながらかつての主人を火葬にすると、遺骨を拾い、商人船に頼んで九州にたどり着く。そして都へ上ると俊寛の娘を訪ね、父親が亡くなった顚末《てんまつ》を語って聞かせた。落胆した娘はその後、奈良の法華寺に入って尼となり、父母の後世を弔《とむら》った。

一方、有王は高野山に上って俊寛の遺骨を奥の院に納めた後、法師となり、諸国を修行して歩きながら霊を弔ったという。『平家物語　巻第三　僧都死去』の項は、「か様に人の思嘆《おもいなげ》きのつもりぬる、平家の末こそおそろしけれ」

と結んでいる。俊寛が没してわずか六年後、栄華を誇った平家一門は壇ノ浦において滅亡する。

関ケ原の戦い後、〝奥州の覇王〟伊達政宗はどう過ごしたか

■家康没後「政宗起つ」の噂が全国をかけめぐるが……

天正十七年（一五八九）六月、伊達《だて》政宗《まさむね》は宿敵・芦名《あしな》氏を滅ぼし、二十三歳の若さで奥州の覇者となる。その勢いで天下さえもうかがおうとした矢先、豊臣秀吉《とよとみひでよし》、徳川家康《とくがわいえやす》という巨大な敵が次々と現われ、その夢は打ち砕かれてしまう。

まず、秀吉によって小田原参陣への遅参を咎《とが》められ、二百万石の領地を五十八万石にまで削られる。秀吉亡き後、関ケ原合戦では徳川方に味方したにもかかわらず、その実力を恐れた家康によってわずか二万石加増されるにとどまった。

関ケ原合戦（慶長五年＝一六〇〇）のとき、政宗は三十四歳。実力・名声共に備わり、徳川家に対抗して天下を狙ったとしても何ら不思議はなかった。しかし実際は家康の前に膝を屈し徳川家の外様大名として生き残る道を選んだ。合戦後、亡く

なるまでの三十六年間、奥州の覇王は何を思って後半生を過ごしたのだろうか。

関ケ原合戦の翌年、政宗は岩出山から仙台に移り、青葉山の天然の要害を生かして壮大な城の建設にとりかかった。同時に兵の教練にも力を入れ始めた。これは天下取りのための準備以外のなにものでもなかった。

この時点で政宗は、「百万石」の恩賞を約束しておきながら、いざ合戦が終わればニ万石しかくれなかった家康に対して「古狸《たぬき》め、わしをたばかったな」と怒りに燃えていたことは間違いない。そうこうするうち、政宗にとって絶好の好機が訪れる。

元和二年（一六一六）、この年が明けてすぐ、家康が病に倒れたのである。「政宗起つ」の噂は全国をかけめぐり、二代将軍・秀忠は諸大名に出陣を命じたほどだった。しかし、政宗はついに挙兵することはなかった。理由ははっきりしないが、関ケ原合戦から十六年の間に、家康によって幕藩体制の礎《いしずえ》が築かれ、一大名がどんなに頑張ってみてもどうにもならないことを悟ったからだとみられている。

■藩の生き残りをかけた孤独な戦い

さて、家康亡き後の政宗だが、意外なことに凝り、周囲を驚かせている。それは

「食道楽」だ。一般に戦国大名というのは食べ物にこだわりがなく、粗食に甘んじた。政宗も例外でなかった。それが、家康の死をきっかけに突然、「グルメ大名」へと変身してしまったのである。

証拠がある。江戸時代、仙台藩の屋敷が東京・港区の汐留《しおどめ》にあった。その発掘調査が平成三年（一九九一）から行われているが、ごみ捨て場の中から鶴、鯛、鴨、牛、鹿、羊、スッポンなど他藩ではあまり見られない骨がたくさん発掘されている。もちろん、食料にしたのだ。この仙台藩の豊かな食文化の基礎を作ったのが政宗なのだ。

仙台藩主となった政宗には、ある変わった日課があった。午前と午後の一日二回、一回につき二時間もトイレにこもったのである。そのトイレは二畳敷の広さがあり、棚には筆記用具がそろえられていた。ちょっとした書斎である。

そのトイレで何をしたかというと、これがなんと自分が食べる朝晩の献立を考えていたのだ。ある日の朝食メニューを記した、政宗直筆の献立が残っている。

一の膳

赤貝焼き

ふくさ汁（キジ肉のみそ汁）
ごはん
二の膳
ヒバリの照り焼き
鮭《さけ》のなれ寿司
香のもの

政宗は大食漢としても知られ、一回の食事で二合半の米を腹に収めたというから、すごい。また、江戸屋敷にいるときは泥酔し、大名らしからぬ振る舞いに及ぶこともしばしばだったという。

食道楽や酒に迷うとは、奥州の覇王と言われた大名にしては何とも解《げ》せない行動だが、実はその裏に政宗一流の深謀遠慮《しんぼうえんりょ》があった。政宗は幕府の大名取り潰し政策を恐れたのである。

家康が亡くなってから、全国の有力大名は次々に改易された。特に外様大名が最大の標的となった。広島の福島家、熊本の加藤家がその典型だ。そこで、各藩は幕府に弱みを握られ取り潰しに遭わないためにあれこれ智恵を絞った。

秀忠の娘を自国へ輿入《こし》れさせたり、将軍家の縁につながる男子を養子に迎えたり、藩をあげて学問にいそしんだりと、それはそれは涙ぐましいものがあった。政宗の場合、食道楽や酒におぼれることで、「自分は天下を狙う気持など毛頭ありませんよ」と幕府に対し無言のアピールを行ったのである。

政宗は自分だけが珍味佳肴《かこう》を楽しむのではなく、秀忠や三代将軍・家光を藩邸に招いてご馳走で接待することにも熱心だった。寛永七年（一六三〇）四月、家光を接待したときの献立が残っている。

このとき、なんと政宗自身が台所に立って監督し、五十四品もの料理を家光に供したという。また、贈り物攻勢にも積極的で、仙台の名産品を次々に将軍家に献上した。多い月は六度にもなったという。

政宗のこうした「グルメ戦略」が奏効したのか、仙台藩は取り潰しに遭うことがなかった。いつの世も人は食い物の恩に弱いようである。

寛永十三年六月、伊達政宗は江戸屋敷で七十年の生涯を閉じる。政宗にとって食道楽は、仙台藩の生き残りを懸《か》けたたった一人の合戦だった。死因は暴飲暴食がたったものか、胃癌《がん》だったという。

巌流島の決闘後、宮本武蔵はどこへ消えたのか

■歴史の表舞台に復帰したのは五十一歳のとき

宮本武蔵が宿敵佐々木小次郎と小倉・舟島（巌流島）において果し合いをしたのは、慶長十七年（一六一二）四月十三日のことである。この決闘に勝利した武蔵は、以後、忽然《こつぜん》と歴史の表舞台から消えてしまう。一説には、一六一四年から一五年にかけて行われた大坂の陣において西軍に味方したため、徳川方の探索から逃れようと隠棲《いんせい》したのではないかと言われている。

武蔵が歴史の表舞台に復帰するのは寛永十一年（一六三四）、小倉を訪れ、藩主小笠原忠真《ただざね》の客となってからである。このとき武蔵は五十一歳。大坂の陣以後、鎖鎌《くさりがま》の宍戸《ししど》某、棒術の夢想権之助、柳生流の大瀬戸隼人《はやと》、東軍流の三宅軍太夫などと試合したことを諸書は伝えているが、いずれも確証がある訳ではない。

■最大の理解者の死後、洞窟に籠り『五輪書』を著す

武蔵が小倉に入って三年後、島原の乱が起こる。武蔵はこの戦に、忠真の顧問的な立場で参戦した。ところが、大将でも兵卒でもない中途半端な立場に、周囲の武士たちはどう協力してよいやらと困惑し、それがため武蔵は実力を発揮できないまま終戦を迎えている。

寛永十七年、細川忠利《ほそかわただとし》の知遇を得た武蔵は熊本に招待される。忠利は将軍家御指南役の柳生但馬守宗矩《やぎゅうたじまのかみむねのり》に入門したほど剣術を好む殿様だった。それだけに最初は武蔵を高禄で召し抱えようと考えたが、これは「新参者には分不相応」と回りの家臣から止められ、断念した。武蔵自身も仕官を強く望まなかったようである。

武蔵は仕官の話が持ち上がったとき、それを取り持ってくれた坂崎内膳《ないぜん》という人に、こんな要望を出している。

「私は今日まで主君に仕えたことはございません。最近は老齢に加え、何かと病気がちですから何の望みもありません。もしお召し抱え下さるならば、いざ出陣の折の武具、馬をお与え頂くだけで結構でございます。私は妻子もなく、ことに老体で

すから居宅家財など毛頭希望いたしません」

この名利《みょうり》に捕らわれない武蔵の潔さに感じ入った忠利は、客分としての処遇を通すことにした。武蔵に大組頭格の座席を与え、十七人扶持と米三百石を給し、さらに居宅として小城を貸し与えた。まさに破格の厚遇だった。なお、武蔵がここで言っている自分の病気についてだが、一説に島原の乱で負傷したのが原因で坐骨神経痛にかかっていたのではないかと言われている。

いずれにしろ、こうして熊本で平穏な日々を過ごす武蔵。翌年には己の兵法観を書き記した『兵法三十五ケ条』を忠利に提出している。これはのちの『五輪書』の基になったものである。また、試合の記録もあり、『武公伝』の中に塩田浜之助という棒術の達人が武蔵に挑戦した話が載っている。この試合で塩田は軽くあしらわれ、武蔵の門人になったという。

翌年三月、武蔵の最大の理解者であり後援者であった忠利が脳卒中で突然亡くなる。忠利とはわずか半年ほどの主従関係だった。武蔵は忠利の喪《も》が明けるのを待ち、人里離れた金峰山《きんぽうざん》の麓《ふもと》の洞窟（霊巌洞《れいがんどう》）に籠る。霊巌洞は有明海に面した絶壁にあり、誰にも邪魔されず静座瞑想《めいそう》するには格好の場所だった。

このころ武蔵の体には不吉な影がさしはじめていた。病名は胃癌だったらしい。自らの死期を悟った武蔵はこの洞窟に籠って後世有名な『五輪書』を著すのである。書き始めたのが、寛永二十年十月十日の夜だったという。二年後の春を迎えたあたりから武蔵の病状はどんどん悪化した。それを心配した松井寄之《まついよりゆき》という者が懇《ねんご》ろに帰宅を勧めたため、武蔵はやむなく松井の顔を立てて洞窟を後にする。

屋敷に戻った武蔵に対し、高弟の寺尾孫之允《てらおまごのじょう》らが付きっきりで看病に努めた。しかし、正保二年（一六四五）五月十九日、武蔵は帰らぬ人となる。亡くなる六日前に『五輪書』が病床で寺尾に手渡されている。臨終に際して武蔵は、

「細川家の厚恩《こうおん》に報いるために、代々の殿様が参勤交代をするその行き帰りにご挨《あい》拶《さつ》ができるよう、遺体を往還《おうかん》に葬ってほしい」

と遺言したと伝えられる。その後の宮本家は武蔵の養子の伊織《いおり》が継いだ。伊織はのちに小倉十五万石小笠原家の筆頭家老にまで出世するほどの能吏《のうり》となる。その子孫は代々家老職を世襲し、第十代左織貞介《さおりさだすけ》の代で明治維新を迎えている。

画期的な外科手術を成功させた華岡青洲を待っていた運命とは

■実験台を申し出た実母は死に、妻は失明の憂き目にあう

文化二年（一八〇五）十月十三日、日本の、いや世界の医学界で初めてという外科手術がこの日成功している。場所は紀伊国上那賀郡《かみなかぐん》平山村（和歌山県那賀町）、執刀した医師の名は華岡青洲《はなおかせいしゅう》。手術は全身麻酔による乳癌の摘出だった。この画期的な手術を成功させたことで、いちやく青洲は日本一の外科医と称される。

この当時、外科治療といっても麻酔がなく、患者は激しい苦痛に耐えねばならなかった。そのため手術中にショックで亡くなることも珍しくなかった。青洲は、これを打開するには麻酔によって患者を眠らせ、その間に治療するしか方法はないと考えた。しかし、完成までの道のりは長く険しいものだった。

京都に出て蘭医のもとで修行を積んだ青洲が故郷に戻り、医者の看板をあげたの

は二十六歳のときだった。治療のかたわら薬草を栽培し、麻酔薬の研究に打ち込んだ。動物実験を繰り返し試行錯誤の末にどうにか満足する薬が出来上がる。その薬は曼陀羅華《まんだらげ》（朝鮮アサガオ）を主成分としていた。

青洲には自信があったが、やはり人間に試してみなければ意味がない。しかし毒性が強ければ、人体にどんな悪影響が出るか知れたものではなかった。困っていると青洲の母（於継《おつぎ》）と妻（加恵《かえ》）が協力を申し出た。青洲四十歳のときだ。この実験で於継は犠牲となり、加恵は失明してしまう。

青洲は悲しみを乗り越え、ついに麻酔薬「通仙散《つうせんさん》」を完成させる。このとき青洲は四十六歳になっていた。

■塾生は全国から集まり、のべ千人を超える

その後の青洲だが、この成功を自分一人で秘密にしておくような男ではなかった。麻酔薬を使った手術法を後進の医師に伝えようと、私塾「春林軒《しゅんりんけん》」を開く。噂を聞いて諸国から若い医師が集まってきた。

「春林軒」は年々門弟が増え、このため建物が手狭になり、大きな別棟を建てるほ

母と妻の犠牲のもとに麻酔薬を完成させた華岡青洲

どだった。最盛期の塾生は全国六十六カ国のうち、壱岐《いき》国を除くすべての国におよんだ。当時の活況のほどがしのばれる。塾生はのべ千人を超えたという。

忙しい日々を過ごしながらも青洲は外科医として治療をおろそかにすることはなかった。麻酔薬を使い、腫瘍《しゅよう》、脱疽《だっそ》、尿道結石《けっせき》の摘出などこれまで手を出せなかった難病に次々と挑戦した。乳癌の摘出手術だけでも百五十三例を数えた。

こうなると紀伊藩も黙っていられない。侍医《じい》に取り立てようと熱心な勧誘活動を展開する。しかし、城勤めとなれば患者を治療したり塾生を教えたりする時間が大幅に削られるため、青洲はそれを固辞した。ところが、その誘いが度重なるにつれ、とうとう拒みきれなくなり、五十四歳のときに出仕する。

青洲は七十四歳で正式に藩の侍医となるが、その二年後の天保六年（一八三五）十月二日、自宅で亡くなった。遺体は裏山の華岡家の墓地に葬られた。

妻の加恵は二十年以上も目の不自由な暮らしを続け、文政十二年（一八二九）、六十八歳で亡くなったが、青洲は暇さえあれば妻の話し相手をつとめたり、芸人を自宅に招き浄瑠璃《じょうるり》を語って聞かせたりして感謝の気持ちを表わし続けたという。

国定忠治は赤城の山に立てこもった後、どうなったのか

■三人の妻妾の間を転々として逃げ回る

赤城の山も今宵《こよい》かぎり——の名セリフで知られる侠客《きょうかく》・国定忠治《くにさだちゅうじ》。芝居では国家権力に楯突く民衆のヒーローとして描かれるが、実際は月に向かって、小松五郎義兼《よしかね》の業物《わざもの》をかざしたりはしなかった。殺人、ゆすり、博打《ばくち》、喧嘩と悪の限りを尽くした凶悪犯である。そんな忠治の赤城山に立て籠ってからの足跡をたどった。

忠治は文化七年（一八一〇）、上州佐位郡国定村（群馬県佐波郡東村）の中農・長岡与五左衛門の長男として生まれた。家は裕福だった。十七歳のときに人を殺め、大前田英五郎のもとに身を寄せる。そこで忠治は侠客として売り出す。

二十五歳のとき、子分同士の喧嘩を根にもった忠治は島村伊三郎という侠客を謀殺し、信州へ高飛びする。翌年戻ったが、関東取締出役から手配を受ける身となっ

ていたため、赤城山に立て籠る。以来、忠治は赤城山を根城に、山と国定村を行ったり来たりしながら悪事を重ねた。

三十三歳のとき、忠治は田部井《ためがい》村で賭場《とば》を開く。その際、子分の中で板割浅太郎だけが姿を見せなかった。不思議に思いながら博打を続けていると、そこへ八州廻りの手が入り、忠治はほうほうの体《てい》で逃げ延びる。

忠治は八州廻りに通報したのは浅太郎の伯父で、十手《じって》取縄《とりなわ》を預かる中島勘助に違いないとにらみ、その勘助にタレ込んだのは浅太郎だろう、と赤城山の隠れ家に浅太郎を呼びつけ責めたてた。しかし、浅太郎は頑として否定した。そこで忠治は「潔白の証拠に勘助の首を取ってこい」と命じる。

浅太郎は山を下りると、忠治に命じられた通り、寝ていた勘助と四つになる子供まで殺害し、首を持って赤城山に戻る。忠治はそれで納得し浅太郎を赦《ゆる》した。しかし、この事件がきっかけで、忠治への追及が一段と厳しくなり、八方塞がりとなった忠治は山を下り、信州へ向かう。

忠治は信州でほとぼりが冷めるのを待つと、国定村に舞い戻る。賭場を開き、そのあがりで食いつなぐ。忠治には当時、本妻のおつるのほかに、まち、おとくという妾がいて、その三人の女の間を転々として役人の目を逃れたという。

凶状持ちの忠治がこれだけ取締の網目を逃れることができた理由として、一家の子分らの働きもあるが、もうひとつ、地域民衆の支持も無視できない。

伝承によれば、天保七年（一八三六）の飢饉《ききん》（天保の大飢饉）では私財を投じて窮民に施したり、田部井村の名主西野目宇右衛門《にしのめうえもん》と相談し、農業用水の沼をさらったりしている。それらの費用はむろん賭博《とばく》で得たものだが、人を殺すことを何とも思わない忠治の違った一面が見られて興味深い。ともかく、こうした忠治の侠気が民衆の心をつかみ、逃亡を助けたことは想像に難くない。

■周囲の薄情さを呪いながら病床に伏す

嘉永三年（一八五〇）七月、忠治四十一歳のとき、妾のまちと同衾《どうきん》していて、脳内出血で倒れる。それが原因で中風から半身不随となる。四十の声を聞いた忠治は博徒《ばくと》から足を洗い、縄張りを子分に任せて自分は最も仲が良かったまちと二人で余生を安穏《あんのん》に過ごそうと考えていた矢先の発病だった。

まちは本妻おつるに引き取ってもらおうとするが、「妾と寝ていて倒れた亭主を引き取れるか」と門前払いを食らう。しかたなく、忠治の弟の友蔵の家に運ぶがここでも断られ、同じ妾のおとくにも拒否される。子分の中からも誰一人引き取り手は現われなかった。文字通り、たらい回しである。

困っていると、西野目宇右衛門が助け舟を出した。自分の屋敷の土蔵に匿《かくま》うというのだ。宇右衛門には忠治とグルになって賭場を開いてテラ銭を稼いだ過去があり、忠治が捕らえられ自分の旧悪が露顕することを恐れたのである。

こうして忠治は宇右衛門宅に匿われる。忠治は自らの糞尿にまみれながら、薄暗い土蔵の中で己の惨《みじ》めな運命と、それ以上に家族や妾、子分どもの薄情さを呪ったに違いない。芝居の颯爽《さっそう》とした忠治からは想像できない、何ともしまらない真実の忠治がそこにいた。

やがて、凶賊忠治が匿われているとの噂が広がり、役人に知られるところとなる。忠治は捕らえられ、江戸へ護送された後、磔《はりつけ》と決まる。

死後の忠治は、時代が閉塞《へいそく》状況となるたびに国家権力と戦う民衆のヒーローとして芝居や映画でよみがえった。そのつど泉下の忠治の魂は面映《おもはゆ》い気がしていたに違いない。

アメリカ総領事ハリスの侍妾〝唐人お吉〟、その波瀾の後半生

■下田一の売れっ子芸者に白羽の矢が立つ

幕末期、開国の陰で泣いた一人の女がいた。名を「唐人お吉《とうじんおきち》」という。当時、彼女を知る人たちが侮蔑《ぶべつ》を込めてこう呼んだのである。本名は斎藤《さいとう》きち。芸者である。米国人の駐日総領事の侍妾《じしょう》となったばかりに人々から卑しめられたお吉。その後の人生に一体どんなドラマが待っていたのだろうか。

お吉は天保十二年（一八四一）十二月、伊豆下田に住む市兵衛、おきわ夫婦の間で次女として生まれた。市兵衛は腕のよい舟大工だったが、大酒飲みで喧嘩沙汰が絶えなかった。この市兵衛が早死にしたため、おきわは二人の娘を実家に預け苦労しながら育てた。

お吉七歳のとき、河津城主向井《むかい》将監《しょうげん》の愛妾・村山せんという者の養女になり、

琴、三味線を習う。やがて、お吉は母親によく似た美人に育つ。十四歳で芸者となり、酒の味はこのころに覚えた。

当時、下田は外国船の往来が激しくなり、江戸からの出店も増え、三島や沼津からも芸者が集まってきて、かつてない繁栄にわいていた。そうした花柳界にあってお吉は、美貌と男勝りの気風《きっぷ》で瞬く間に下田一の売れっ子芸者へとのしあがる。

安政三年（一八五六）八月、タウンゼンド・ハリスが初代米国総領事の肩書きを引っさげ、軍艦サン・ジャシント号で下田に入港する。ハリスはこのとき五十三歳。上陸したハリスは通訳ヒュースケンを伴い、柿崎村の玉泉寺に入り、そこを仮領事館と定める。以来、ハリスは日米外交を精力的に展開するが、やがて慣れない異国暮らしがたたったものか、発病し床についてしまう。

困り果てたヒュースケンは、病床のハリスの世話をしてくれる看護婦の周旋《しゅうせん》を役人に依頼する。しかし、当時の日本人には西洋流の看護についての知識が皆目なく、これは妾《めかけ》を世話しろということだな、と早合点してしまう。

そして、その候補として白羽の矢が立ったのが、下田で名うての芸者・お吉だった。

■同情と憐れみのこもった眼差しの中で……

しかし、お吉はこの申し出を断る。このころの大多数の日本人女性と同じく、お吉も異国人に対し偏見を持っていたからだが、それよりも当時お吉には舟大工をしていた鶴松という許婚《いいなづけ》がおり、その鶴松を裏切りたくはなかったのである。

ところが「日本の国のためにこらえてくれ」と役人から執拗《しつよう》に説得され、とうとうお吉は折れる。

翌年五月二十二日、十七歳のお吉はハリスの召使として出仕した。身なりをととのえ、髪をきれいに結い、化粧して引戸駕籠《ひきどかご》に乗って連日玉泉寺に通うお吉の姿を、下田の人たちは同情と憐れみのこもった眼差しで見送ったという。異国人に肌を許すという行為は当時の日本の大方の女性にとって死にも勝る屈辱だった。

こんな逸話がある。当時、横浜に岩亀楼《いわかめろう》という遊廓があった。このころの遊廓は「日本人向け」と「異国人向け」に相手を務める女性がはっきり分かれていた。「異国人向け」にはなり手が少ないだけにどの店も見栄えのしない女郎ばかり集まっていた。

そんなある日、岩亀楼に一人の米国人が登楼し、亀遊《かめゆう》という女をみそめてしまった。しかし、亀遊は「日本人向け」の女で、主人はどうしても出せないという。怒った米国人は「それなら、身請けすれば文句はないはずだ」と言い、結局六百両もの大金で亀遊を身請けする話がまとまる。

驚いたのは亀遊で、身請けの当日、自室でのどを突いて絶命してしまう。文机《ふづくえ》の上には辞世が一首残されていた。

露《つゆ》をだに厭《いと》ふ大和《やまと》の女郎花《おみなえし》ふるあめりかに袖《そで》はぬらさじ

亀遊はこの後「攘夷《じょうい》女郎」と称えられ、世間の同情の涙を誘ったという。

■酒に救いを求め、身を持ち崩す

当時の日本女性がいかに異国人と同衾《どうきん》することを毛嫌いしていたかおわかりいただけただろう。そうした時代背景があっただけに、お吉の自己犠牲の精神に当時の人々は純粋に感動したのである。しかし、それもごく短期間だった。お吉の身なりが次第に華美なものになっていくと、世間の人々は一転して嫉《ねた》みや侮蔑《ぶべつ》の視線を露骨にお吉へぶつけるようになった。

お吉にはそれが耐えられなかった。自分としては許婚と別れてまでお国のために人身御供《ひとみごくう》になる道を選んだのに、その仕打ちはあんまりだった。お吉は世間の心変わりを呪いながら、ますます酒に溺れていったという。

お吉とハリスの決別は意外に早くやってきた。同年八月には解雇手当が支給され、お吉の受取書が残されていることからそれがわかる。一体、玉泉寺におけるお吉とハリスの関係はどんなものだったのだろうか。

お吉は病床で衰弱しきったハリスを懸命に看護したことは確かなようである。体力を回復させるために西洋人は牛乳を飲む習慣があることを知ると、自ら大金をはたいて地元で牛を飼う農家から買い求めたりしている。

一方、ハリスのほうはお吉のことを看護してくれる女性としか見ていなかったようだ。ハリスは敬虔《けいけん》なクリスチャンで、ニューヨーク市の教育局長まで勤めたほどの人物だ。お吉に特別な感情を抱いたとは考えにくい。第一、ハリスは病床でうめいていたのだ。百歩譲って、二人に男女の関係があったとして、お吉はなぜ三カ月たらずで遠ざけられたのか納得できない。恋愛感情があれば、二人の関係はもっと継続したはずである。ハリスは自分の病気が回復し、単に看護の必要がなくなったからお吉に暇を出した——これが真相のようである。

ハリスのもとを去ったお吉はその後どうしたか。生活のために芸者に戻るが、世間から「唐人お吉」と蔑《さげす》まれ、冷たい視線を浴びながらその日その日をひっそりと送る。人の噂も七十五日とはよく言われるが、お吉に関しては別で、人々の興味は一向に失せなかった。もしも、お吉が十人並みの容貌に生まれていたならこれほど騒がれることはなかったろう。美人に生まれついたばかりの悲劇である。

明治元年（一八六八）、お吉は芸者をやめ、このころから幼なじみの鶴松と横浜で同棲を始める。お吉は二十八歳になっていた。その三年後、下田へ舞い戻り、髪結《かみゆい》業を営む。しかし、店の経営は思わしくなかった。

故郷を三年離れたことで自分に対する世間の目も変わっているだろうと期待したのだが、下田の人たちには「唐人お吉」のままだった。お吉は酒に救いを求め、それが原因で鶴松との仲は冷え込む一方だった。

■最晩年は物乞いの群れに身を投じていた？

三十六歳になったお吉は鶴松と別れ、三度芸者となり、三島の金本楼に出る。その二年後、自分にはやはり生まれ故郷しかないと下田へ戻る。そして、再び髪結をやりながら宴席に侍《はべ》るという日々を送る。

明治十五年、四十二歳のとき、お吉の流転の人生を憐れんだ船主・亀吉の後援で小料理屋「安直楼《あんちょくろう》」を開く。店の女将として暮らしもようやく落ち着くと思われたが、坂道をころげ落ちるお吉の不幸にもはや歯止めはきかなかった。

このころ、長年の深酒がたたり、お吉の体は廃人同然になっていた。気に入らない客がいると喧嘩をふっかけることも珍しくなく、一日中、体から酒のにおいを漂わせていた。これでは店の経営が立ち行くはずもなかった。「安直楼」はわずか二年で廃業する。

その後数年間、お吉がどんな暮らしを送ったのか、伝わっていない。確かなのは四十代の後半、物乞《ものご》いの群れに身を投じていたことだ。美貌を誇った下田一の売れっ子芸者の末路にしては余りに痛々しい。

明治二十四年三月二十七日、お吉は稲生沢《いのうざわ》川の上流で身を投げる。土地の人々は死後もお吉に冷たく、斎藤家の菩提寺は埋葬を拒否したという。宝福寺の住職がこれを憐れみ、「釈貞歓尼」の法名を与え、境内の一角に葬った。享年五十一歳。

徳川家に嫁いだ皇女和宮が明治維新でとった意外な行動とは

■婚約者との仲を引き裂かれ徳川家へ嫁ぐ

幕末、尊皇攘夷《そんのうじょうい》を旗印に掲げる過激派の間で倒幕の気運が盛り上がっていた。その力をそぐために幕府がひねり出した一発逆転の秘策が「公武合体」、すなわち天皇家と徳川家との政略結婚であった。対立する両者が和睦《わぼく》することで政局の安定を図ろうとしたのである。

ときの将軍は紀州家から来た十四代家茂《いえもち》。その結婚相手として白羽の矢が立ったのが、皇女和宮《かずのみや》であった。運命の波に抗《あらが》うこともならず、婚約者との仲を引き裂かれ、嫌々徳川家に嫁いだ和宮。一体、その後の彼女にどんな運命が待ち受けていたのだろうか。

和宮は弘化三年（一八四六）閏《うるう》五月、仁孝《にんこう》天皇の第八皇女として誕生した。六歳のとき、有栖川《ありすがわ》宮家の長男・熾仁《たるひと》親王と婚約が決まる。以来、来るべき結婚を夢見ながら少女和宮は成長していった。

万延元年（一八六〇）、そんな和宮の甘い夢を打ち砕く一大事が出来《しゅったい》する。幕府から降嫁《こうか》（天皇家の女性が臣下に嫁ぐこと）の申し入れがあったのだ。はじめ兄の孝明《こうめい》天皇は反対するが、岩倉具視《いわくらともみ》に説得され、帝はしぶしぶ承諾する。

和宮は兄孝明帝からこの話を告げられ、どんなに驚いたことだろう。婚約者がいる和宮は当然拒絶した。しかし、幕府は諦めなかった。孝明帝の周辺の公卿《くげ》を買収するなど様々な圧力をかけてきた。帝はついに抗しきれなくなり、自らの一人娘を代わりに江戸へ送ろうと考えた。それが断られた場合、帝位を退《しりぞ》こうとまで決めていたという。

孝明帝には昨年生まれた寿万宮《すまのみや》という一人娘がいて、その寿万宮を和宮の代わりに徳川家茂に嫁がせようとしたのである。この話を聞いて、和宮の心は痛んだ。

「自分が我を張れば、まだ乳飲み子の寿万宮が犠牲になり、帝も退位することになる。自分さえ我慢すれば八方丸く収まるはず」

そう考え、泣く泣く降嫁を承諾する。

■旧大奥派との確執の結末

文久元年（一八六一）十月二十日、和宮の行列は江戸へ向かう。幕府は衰えぬ威勢を示すため、二万人ものお迎えを送ったという。行列はゆっくりとした道中で中山道を進み、十一月十四日、江戸に到着。和宮は九段の清水邸で約一カ月間滞在した後、江戸城に入る。

そして、翌年二月十一日、城内で家茂と和宮の祝言が盛大に執り行われる。このとき新郎新婦は共に十七歳。家茂は病弱だが、眉目秀麗《びもくしゅうれい》な若者だった。性格も温和で、か弱い少女の身で慣れない土地へやって来た花嫁に対し精一杯の優しさで接した。実際、和宮は身長が百四十センチ台前半、体重も三十キロそこそこの小柄な女性だったという。

家茂の優しさに触れ、和宮の心は少しずつほぐれていった。しかし、やがて彼女を悩ませる思わぬ障害が表面化する。それは、旧大奥派との確執《かくしつ》だった。女の執念と権力欲が渦巻く伏魔殿、大奥を向こうに回し、新興勢力である和宮派はことごとく対立した。

　両者の衝突は和宮が江戸城に入ったときに始まる。大奥老女花園から「これ以後、江戸風・大奥風にすべて致してほしい」と言われた和宮。その申し出をお付きの女官庭田嗣子《にわたつぐこ》は一蹴する。「もともと当方が出した降嫁の条件に、日常生活から年中行事に至るまで京御所風で行うという一文があったはず。約束を反故《ほご》になさるのか」と突っぱねたのである。

　御所風と江戸の武家風とでは習慣や仕来りに大きな隔《へだ》たりがあった。たとえば、雛《ひな》人形ひとつ飾るのでも、江戸では段飾りが普通だが、御所では畳の上にそのまま飾った。和宮派は降嫁の際の条件を盾に、すべてにおいてこうした御所風を貫こうとしたのである。

　両者の確執を憂慮した朝廷の女官長・中山績子《なかやまいさこ》が「嫁したからには徳川家に和すように」と和宮派に手紙で諭《さと》したこともあった。「嫁しては夫に従え」という当時の道徳観念からすれば、確かに和宮派の態度はほめられたものではなかった。

　和宮自身、のちに反省したらしく、こんな話が伝わっている。当時、大奥を取り仕切っていたのが、先代の十三代家定《いえさだ》夫人・天璋院篤姫《てんしょういんあつひめ》（島津敬子《しまづすみこ》）である。つまり、家茂夫人の和宮とは嫁姑の間柄になる。この二人が、江戸城の庭園で共に風景を楽しもうとしたことがあった。

庭の沓脱《くつ》ぎ石に降りようとして、ふと見ると和宮の履物だけが石の上に乗っており、天璋院の履物は地面にあった。それと見た和宮は裸足のまま地面に飛び降り、自分の履物を下へ降ろし、姑の履物を石の上に置き、うやうやしく一礼したという。のちに和宮に付いている女官たちは、

「お痛わしや、皇女の尊い御身が、下々の者（天璋院）にあのようなことをあそばされるとは」

そう言って嘆いたが、和宮としては徳川の嫁として当然のことをしたまでだった。この〝事件〟以来、両派の間に雪解けムードが漂い始めたという。

■最愛の夫・家茂が大坂で病に倒れる

こうして朝廷と徳川幕府の間の橋渡しとして心をくだく和宮だったが、まもなく大きな不幸に見舞われる。長州征伐のために大坂へ出陣していた家茂が大坂城中で病気（脚気《かっけ》）に倒れたのである。夫の病気を伝え聞いた和宮は大いに心配し、英国船で医者を向かわせる一方、自身、徳川家菩提寺の増上寺でお百度参りを行ったり

している。

しかし、和宮の懸命の願いも届かず、慶応二年（一八六六）七月二十日、家茂は城中でそのまま帰らぬ人となる。九月六日、家茂の遺体が江戸に戻ってきた。遺体のそばにはきれいな反物があった。京都の西陣織である。

征長出立の際、家茂から「土産は何がよいか」と尋ねられ、「西陣織を」とねだったことを家茂が覚えていてくれたのである。和宮はその反物を握り締めると奥の間にこもり、一人さめざめと泣き続けたと伝えられる。そのとき、和宮が作った歌がある。

空蟬《うつせみ》の唐織《からおり》ごろもなにかせむ綾《あや》も錦《にしき》も君ありてこそ
その後、和宮は薙髪《ちはつ》し、静寛院《せいかんいん》宮と名を改め、亡き人への供養に明け暮れる。ところが、平穏の日々は長続きしなかった。大政奉還ののち、倒幕軍が江戸へ江戸へと押し寄せてきたのである。このとき、和宮は江戸を離れ実家である天皇家に帰ってもよかったのだが、ここで思わぬ行動に出る。

かつてライバルだった姑の天璋院と共闘戦線を張り、慶喜《よしのぶ》を罰せず徳川家を存続させるよう、さらに江戸市中を焼き討ちしないよう、朝廷に対して繰り返し嘆願運動を展開したのである。

「夫や子がなくても自分は徳川の嫁である」と腹を括《くく》っていたからこそ、和宮はこんな行動に出たのであろう。

このとき和宮二十三歳。十七歳で何も知らずに嫁いできた京人形のような少女が、わずか数年で徳川家の屋台骨を支えるほどの強い女へと変貌を遂げていたのである。時代の荒波にもまれた結果といえばそれまでだが、それ以上に、亡き家茂に寄せる愛が和宮を強くしたといえる。病弱な夫が必死に守り抜いた徳川家を妻としてここで崩壊させてはならないと夫の墓前に誓ったのだろう。

明治二年（一八六九）一月、徳川家がかろうじて残り、江戸市中も戦火から免れたことでほっと安堵《あんど》した和宮は、いったん京都に戻る。そこで五年暮らした後、再び東京に出る。東京では麻布の御殿で過ごした。

三十歳を過ぎたあたりから、亡き夫の家茂と同様、脚気を患うようになる。明治十年九月二日、その療養のために逗留していた箱根温泉で他界する。享年三十二歳。遺体は増上寺に眠る夫君・家茂公の隣に葬られた。

アメリカから帰国したジョン万次郎は、その後どんな人生を歩んだか

■十五歳で漂流後アメリカへ渡り、二十六歳で土佐に戻る

土佐沖を漂流し、米国の捕鯨船に救われたことが縁で、日本人で初めて北米大陸の土を踏んだジョン万次郎《まんじろう》。その十一年後、幕末期の日本に帰還した万次郎を待ち受けていた運命とは如何《いか》なるものだったのだろうか。

天保十二年（一八四一）、十五歳の少年万次郎は漁師仲間四人と小舟で土佐・中《なかの》浜《はま》から漁に出る。これがすべての始まりだった。万次郎らが乗った小舟は足摺岬《あしずりみさき》沖でシケに遭遇し、舟は黒潮に乗って東へ東へと流される。十日間の漂流ののち、八丈島のはるか沖の無人島、鳥島に漂着する。

島で五人は海藻や海鳥で飢えをしのぎ、百四十三日間も過ごした。運よく米国の捕鯨船に救助されたが、鎖国下の日本では外国船は入港できない。そこでホイット

フィールド船長は五人をハワイに連れて行き、ホノルルで下船させた。ところが、万次郎だけは捕鯨船員として船に留まりたいと懇願する。万次郎の人柄を見込んだ船長はそれを快諾し、そのまま自分の故郷マサチューセッツ州フェアーヘブンへ万次郎を伴う。

ホイットフィールド船長にかわいがられた万次郎はフェアーヘブンで英語、数学、測量、航海、造船などの教育を受けさせてもらった後、捕鯨船の航海士となって世界の海をめぐった。嘉永三年（一八五〇）、二十四歳のとき、ホノルルへ渡って漂流した漁師仲間と再会した万次郎は、帰国を願った二人の仲間を伴い、日本へと戻る。琉球に上陸した万次郎らは薩摩、長崎へと護送され取り調べを受けた後、土佐に入る。このとき万次郎二十六歳。十五歳で漂流して十一年の歳月が経っていた。万次郎の目には懐かしい故郷の風景はどう映っただろうか。

■咸臨丸に乗り再び米国本土を訪れる

ときは幕末動乱の最中《さなか》である。米国帰りの万次郎は英語をはじめ欧米の知識が豊富なところを土佐藩に見込まれ、最下級とはいえ士分に取り立てられる。そして高知城下の藩校「教授館」の教授となる。そのとき万次郎が教えた生徒には、のちに政治家となる後藤象二郎、三菱の創始者・岩崎弥太郎らがいた。

その後、欧米の情報を必要としていた幕府は万次郎を江戸に呼び寄せ、直参《じきさん》として名字帯刀を与えた。彼は出身地の中浜をとって中浜万次郎と名乗った。

ところで、ジョン万次郎という名前だが、漂流中に救われた捕鯨船ジョン・ハウランド号にちなみ、乗組員たちが彼を「ジョンマン」と呼んだことに由来する。江戸で万次郎は西洋式帆船の製造に関わり、航海術の本を訳したり、英会話本を編集したりした。西洋式捕鯨術の指導で箱館（函館）にも赴いている。

嘉永六年六月三日、米国のペリー提督率いる黒船が浦賀沖に現れた。万次郎は米国の事情を、開国への思いを込めて老中らに説くが、保守的な彼らは一向に耳をかさず、しまいには米国のスパイ扱いされてしまう。

そんな万次郎もやがて真価を発揮するときが訪れる。勝海舟を艦長とする咸臨丸《かんりんまる》の太平洋横断である。海舟は日本人の手で初めて太平洋を渡海するという壮挙に燃えていた。

その船に三十四歳の万次郎は通訳として乗り込んだ。このとき、たまたま日本に滞在していた米国海軍・ブルック大尉とその部下たちも一緒に乗船することになり、総勢九十六名がサンフランシスコへ向かった。

航海中、ひどいシケに遭い、日本人の士官や水夫が役立たずになってしまうという一大事が起こる。ブルック大尉は海舟に対し協力を申し出るが、海舟は「この船はどうしても日本人だけの力で操りたい」と突っぱねる。しかし、シケはひどくなる一方だった。海舟は背に腹は代えられず、ブルック大尉の協力をしぶしぶ受け容《い》れる。

こののち、事実上、ブルック大尉が艦長で、万次郎は航海長という役割になった。万次郎は元捕鯨船一等航海士の実力を如何《いかん》なく発揮して危機回避に努めた。そのとき、海舟は船酔いに苦しみながら艦長室で七転八倒していたというから、何ともしまらない。それはともかく、この出来事以来、日本人の士官や水夫の間で万次郎を見る目が変わった。それまで「たかが土佐の漁師あがりが……」と軽く見ていたのだが、一転して万次郎を敬うようになった。

船がサンフランシスコにたどりつくと、一段と万次郎の株は上がった。異国の言葉や習慣が皆目《かいもく》わからない日本人は誰一人として、万次郎がいなければ便所にも行

身分制度ゆえに飛躍の芽を摘まれたジョン万次郎

けなかったからだ。彼らは何かにつけて万次郎を頼りにした。日本にいればただ威張るしか能がない士官たちの変節ぶりを万次郎は腹の中で笑ったに違いない。

■日米の懸け橋として近代日本の幕開けに貢献

しかし、帰国後の万次郎に働き相応の役職が与えられることはなかった。士官たちは実際に船を操ったのがブルック大尉や万次郎であることをひた隠しにしたからだ。士官たちはさんざん万次郎の世話になっておきながら、日本に着いた途端、それまでの万次郎に対する態度を一変させた。武士である彼らは土佐の漁師あがりに頭を下げ指示を仰いだことにいたく自尊心を傷付けられていたのだった。

航海に同行した福沢諭吉でさえ、のちに『福翁自伝』の中で、日本人士官たちの手でこの快挙を達成したと強調している。こうして万次郎は身分制社会の前に大きく飛躍する好機の芽を摘みとられたのである。

その後万次郎は小笠原諸島の父島を拠点に捕鯨の事業を始めたがうまくいかなかった。慶応二年（一八六六）、四十歳のとき、薩摩藩の開成所教授に就任するも、すぐに土佐藩に呼び戻され、藩校「開成館」の設立に携わる。

時代が明治に移り変わると、万次郎は新政府に招かれ、開成学校、現在の東京大学の教授となって教壇に立った。翌年、普仏戦争視察団の一員としてヨーロッパへ出張する。太平洋を横断して米国経由で大西洋を渡るコースだった。このとき、漂流時の米国留学で世話になった人々と再会し、旧交を温めている。

ロンドンに着いて間もなく、足の潰瘍《かいよう》が悪化したため単身帰国。足が治るや今度は軽い脳溢血を起こして倒れ、現役を退く。晩年は穏やかな日々を過ごし、明治三十一年（一八九八）、東京・京橋の長男宅で七十二年の生涯を閉じる。

ジョン万次郎は若くして漂流という数奇な運命に翻弄《ほんろう》されたが、その後、自らの才覚によって日米の懸け橋となり、近代日本の幕開けに大きく貢献した。もっと高い評価を受けてよい人物である。現在、万次郎の故郷の土佐清水市は万次郎にとって第二の故郷ともいうべきフェアーヘブンと友好姉妹都市の関係を結んでいる。

南極踏破の英雄・白瀬矗が帰還後に味わった苦難の「道のり」

■急ごしらえの改造漁船で南極を目指す

一九〇〇年代初頭、人類初の南極点到達を目指した日本人探検家がいた。その探検家こそ、今回の主人公、白瀬矗《しらせのぶ》である。

白瀬以下二十七人の隊員が小型の木造帆船《はんせん》「開南丸《かいなんまる》」（二百四トン）に乗り、一路南極海を目指して東京・芝浦を出港したのは、明治四十三年（一九一〇）十一月二十九日のことだった。「開南丸」は元々鮭《さけ》漁用の帆漁船で、船体に銅板を張るなど急ごしらえの改造を施し、十八馬力（なんと百二十五CCのオートバイ並み）の補助エンジンを搭載しただけのいたって粗末な船だった。

準備資金不足でこれくらいの船しか用意できなかったのである。船があまりにも貧弱だったため、協力を申し出ていた新聞社は急きょ約束を反故《ほご》にし、新聞紙上で白瀬を詐欺師《さぎし》扱いするほどだった。

ところが、不屈の精神をもつ白瀬隊は多くの困難を乗り越え、明治四十五年一月二十八日、西経一五六度三七分、南緯八〇度〇五分の地点にまで達し、そこに日章旗を立て、あたり一帯を「大和雪原《やまとゆきはら》」と命名する。この地点は南極点へのほんの入り口にすぎなかったが、食料が乏《とぼ》しくなり、やむなく引き返すことにしたのであった。

当時は世界中が人類初の南極点到達をかけ、南極に探検隊を送っていた。白瀬の主な好敵手《ライバル》は、ノルウェーのアムンセンとイギリスのスコットだった。この中から最終的に抜け出したのがアムンセンで、白瀬隊に先んじること四十数日前の一九一一年十二月十四日に南極点に到達していた。こうして一九〇九年のアメリカ人探検家ピアリーの北極点初踏破に続き、南極点初踏破の快挙も外国人探検家によって達成され、白瀬の夢ははかなくも潰《つい》えてしまった。

「開南丸」がのべ四万八千キロメートル、一年七カ月におよぶ長旅を終えて芝浦に帰港したのは明治四十五年六月二十日。歓迎式には約五万人の熱狂的な市民が集まった。出発前は「詐欺師」扱いした新聞もこぞってその壮挙を紙面で称えたという。国中が興奮し、一躍英雄、時の人となった白瀬だったが、実はその後にとんでもない悲惨な運命が待ち受けていたのである。

■生涯にわたって〝五つの戒め〟を守る

白瀬矗は文久元年（一八六一）六月十三日、現在の秋田県にかほ市で生まれた。父は浄土真宗の住職だった。

矗の幼名は知教《ちきょう》といい、満八歳で近所にある寺子屋に入る。そこの先生からコロンブスやマゼランなどの探検家の話を聞いた知教少年はいたく感動し、将来は極地を目指す探検家になることを先生に宣言する。

すると先生は、そうまでして探検家になりたいなら、次の五つの戒《いまし》めを守れるかと知教に聞いた。すなわち「酒を飲まない、たばこを吸わない、茶を飲まない、湯を飲まない、寒中でも火に当たらない」というものだった。

これを聞いた知教はその日から実行に移し、修行僧さながらに生涯にわたってこの五つの戒めを守り通したのだから、やはり大きなことを成し遂げる人は意志の強さが並大抵ではないようだ。

明治十二年、「僧職になっては探検家になれない」と、僧侶になるための学校を辞め、陸軍軍人となる。名も矗に改めた。二十六年、三十二歳のときには将来の北極探検に備えて千島探検を行ったりしている。

四十二年四月六日、この日、ピアリーが北極点に立ったことを知ると、人類初の北極点到達の夢が破れたことを知り、いったんは衝撃を受けるが、すぐに目標を南極探検へと切り替える。

翌四十三年一月、白瀬は第二十六回帝国議会に「南極探検ニ要スル経費下付請願」を提出。同請願は国会の両院を通過したが、当時の政府は探検事業に無理解で、最終的には援助金を出すことを拒《こば》んだ。そこで仕方なく渡航費用は全額国民の義援金に頼ることとなった。南極を目指すのに中古の襤褸《ぼろ》船しか用意できなかったのはこうした事情によるものだった。

■南極踏破の英雄、借金二億円を負う

四十五年六月に南極から帰還したとき、白瀬は五十一歳になっていた。国民の熱狂に迎えられ、皇室・皇族からも賞賛された白瀬だったが、寄付金の帳尻を合わせ

てみると数万円の使途不明金があることが分かった。愕然《がくぜん》とする白瀬。どうやら義援金を集めてくれた後援会が資金を自分たちの遊興飲食費に充《あ》てていたのだ。こうして南極踏破の英雄は一夜にして約四万円、現在のお金で二億円ほどの莫大な借金を一人で背負うことになってしまったのである。

二十六人の隊員の給与も払えず困った白瀬は、東京・渋谷にあった家と土地は無論のこと、軍服や軍刀まで金になるものは何でも換金して弁済に充てた。住居は転々として十数回変わり、ときには別荘の番人などをして食いつないだ。講演の依頼が舞い込めば、南極で撮影したフィルムを持って家族と一緒に全国を回った。国内のみならず、朝鮮や満州、台湾に出向くこともあった。それは南極の極寒にもまさる辛い旅だったと思われる。

こうして昭和十年（一九三五）ごろには、どうにか借金を全額払い終えることができた。借金返済にざっと四半世紀という永い歳月を要したのである。しかし、借金は完済したもののその後も極貧生活は続いた。

終戦後の昭和二十一年、白瀬は愛知県挙母《ころも》町（現豊田市）で仕出し屋の二階に間借りして、妻や次女と一緒にさびしく暮らしていた。南極探検の白瀬中尉であるこ

南極から戻った白瀬矗に待ち受けていた悲劇とは

とを近隣の人は誰一人知らなかったという。

同年九月四日、白瀬は妻と次女に見守られながら息を引き取る。戦後の食糧難のなか、次女がどこからか白米を手に入れてきてご飯を炊いたのだが、久しぶりの白米に喜んだ白瀬が、栄養失調で弱っているところにたらふく詰め込んだものだから、腸閉塞《ちょうへいそく》を起こしたのである。嗚呼《ああ》――。享年八十六。

■かつての好敵手アムンセンと対面する

昭和二年六月、新聞社の招きでノルウェーの探検家アムンセンが来日し、六十六歳になっていた白瀬と対面する。貧困のどん底にあった白瀬は、洗いざらしの浴衣《ゆかた》にその日やっと手に入れた夏羽織《なつばおり》姿だったという。アムンセンはそんなことは意にも介さず、白瀬に近寄るや、

「おお開南丸、開南丸」

と親しげに手を差しのべた。このとき白瀬の目にはうっすらと涙が浮かんでいたという。その涙は、かつての好敵手とめぐりあえた喜びによるものなのか、一歩先んじられたことによる悔しさによるものなのか、白瀬本人にしかわからない。

「姿三四郎」のモデル西郷四郎が、脚光を浴びることになった理由

■必殺の投げ技・山嵐で向かうところ敵なし

明治時代、西郷四郎《さいごうしろう》というとてつもなく強い柔道家がいた。この名前をご存じない人でも、「姿三四郎」の名前なら小説やドラマでおなじみのことだろう。西郷四郎は姿三四郎のモデルになった人物なのだ。

四郎は十七歳で、嘉納治五郎《かのうじごろう》が開いた柔道場「講道館《こうどうかん》」に入門、瞬く間に頭角を現わし、富田常次郎《とみたつねじろう》らと共に四天王と称されるようになる。身長五尺一寸（約百五十三センチ）という小兵ながら、独自の投げ技・山嵐《やまあらし》を武器に向かうところ敵なしだった。まさに、四郎こそは「柔能剛制《じゅうよくごうをせいす》」を体現した天才柔道家なのである。

西郷四郎は維新の風が吹き荒れる慶応二年（一八六六）二月四日、会津藩士志田貞二郎の三男として生まれた。小さいころは喧嘩好きのガキ大将だったが、勉強も

よくできたという。

■新聞記者として大陸を取材して回る

明治十五年（一八八二）春、上京した四郎は郷里の先輩の勧めで創設されたばかりの講道館に入門する。講道館七人目の入門者だった。翌年、四郎は富田常次郎と共に講道館最初の初段になると、めきめき腕を上げ、十九年には五段に昇る。このころ元会津藩家老西郷頼母《たのも》の養子となり、以後、西郷姓を名乗る。

四郎は数多《あまた》の柔術家と対外試合を行い、連戦連勝。講道館と、新しい武道・柔道を知らしめることに大いに貢献したのだが、二十五歳のとき、突然講道館を去る。

その理由は定かでないが、中国大陸へ渡る夢を適えるためという説が有力だ。四郎はいつのころからか中国革命運動家の宮崎滔天《みやざきとうてん》と親交があり、その滔天に啓発され中国をこの目で見てみたいと切望していたようである。

といっても、すぐに中国へ渡った訳ではなかった。四郎は郷里に帰って講武館という塾を開いたり、仙台第二高等学校（現東北大学）で柔道を教えたりした。そして三十五年、長崎で創刊された『東洋日の出新聞』に編集責任者として参加する。

翌年、四郎は記者として日露戦争開戦前夜の朝鮮に渡り、四十四年、今度は辛亥《しんがい》革命の取材で念願の中国へ赴く。いずれも実見した生々しい現地報告をまとめ、『東洋日の出新聞』に掲載している。四郎はこの中国渡航のあたりに、若いころ激しい運動をしたのが祟ったものか、リウマチを発病し、この病気に終生苦しめられる。

四郎は長崎で言論人として活動するほか、武道家として市内に柔道場を設けたり、長崎遊泳協会の設立発起人に名を連ねたり、長崎商業学校の弓道講師をつとめたりして日々忙しく暮らした。

晩年は広島・尾道に移り住み、大正十一年（一九二二）十二月二十三日、この地でリウマチに苦しみながら没する。享年五十七歳だった。

終焉《しゅうえん》の地・尾道の浄土寺近くには、西郷四郎の銅像と記念の石碑が建っている。石碑の裏には恩師嘉納治五郎の四郎の霊に捧げる言葉がこう刻されている。

「講道館柔道開創ノ際　予ヲ助ケテ研究シ　投技ノ蘊奥《うんのう》ヲ窮《きわ》ム　其ノ得意ノ技ニ於《お》テハ　幾万ノ門下未《いま》ダ其ノ右ニ出デタルモノナシ……」

歴史の表舞台に立ったのは二十歳前後のわずか数年とはいえ、今後も不世出の天才柔道家・西郷四郎の名は柔道の歴史の中で燦然《さんぜん》と輝き続けるに違いない。

「命のビザ」を発給し続けた杉原千畝の語られなかったその後

■日本政府の命令に背いてまでビザを発給した理由

日露戦争で名をはせた日本の軍人に乃木希典《のぎまれすけ》と東郷平八郎《とうごうへいはちろう》がいる。乃木は難攻不落を誇った旅順《りょじゅん》攻囲戦の指揮で知られ、東郷は当時世界最強艦隊をうたわれたロシア帝国海軍バルチック艦隊を撃破し「東洋のネルソン（ネルソンとは、ナポレオン戦争における最大の海戦で英国に勝利をもたらした海軍軍人ホレーショ・ネルソンをさす）」と称《たた》えられた。

当時、ロシアから虐《しいた》げられていた周辺国のフィンランドやポーランド、トルコなどでは今日でもこの二人は日本の英雄として教科書にも記載されるほど国民の多くから敬愛されている。

一方、トルコと同じ西アジアにあるイスラエルでも、ある一人の日本人が国民の敬愛を集めている。その人物こそ、第二次世界大戦で大勢のユダヤ人の命を救った杉原千畝《すぎはらちうね》である。のちに杉原はイスラエル政府から、日本人では初で唯一の「諸国民の中の正義の人」として「ヤド・バシェム賞」を贈られている。さらに、同賞のゴールデンプレート（ユダヤ民族で世界に偉大な貢献をした人物もしくはユダヤ人が忘れてはならない恩恵を与えてくれた人物の名を刻んだプレート）に、あのモーゼやメンデルスゾーン、アインシュタインらと並んで名を刻まれるという栄誉に浴しているのだ。

肝心の日本での知名度はもうひとつだが、杉原千畝とは第二次世界大戦が始まった当時、バルト海沿岸のリトアニアの日本領事館に領事代理として赴任していた外交官である。杉原は、ナチス・ドイツのユダヤ人狩りから逃れてきたポーランド難民を救うため、本国日本政府の命令を無視して大量に日本通過ビザを発給し、難民を日本経由で米国本土などへ逃したのである。

一体、杉原はなぜ日本政府の命令に背《そむ》いてまで、縁もゆかりもないポーランド難民を救ったのだろうか。さらに、終戦後に杉原の身に待ち受けていた波瀾の後半生についても以下で詳述してみたい。

■大学を中退しロシア語留学生としてハルビンに渡る

杉原千畝は明治三十三年（一九〇〇）一月一日、岐阜県八百津《やおつ》町に生まれた。学業が優秀だった千畝に、父好水《よしみ》は医者になることを期待したが、千畝はそれが嫌で、入学試験の当日、母が作ってくれた弁当だけを食べて受験せずに帰宅してしまう。その後、怒った父から千畝は勘当を言い渡されている。のちに外務省の意向に背いてまで己の意志を押し通した千畝らしい逸話である。

その後、語学が堪能だった千畝は英語の教師を目指し、早稲田大学高等師範部英語科予科に入学する。二年生になって大学の図書館で外務省の官費留学生の募集広告を見たことが人生の転機となった。これなら海外で語学が身につくうえに、のちに外交官に採用されるというのも魅力だった。

この試験に見事パスした千畝は大学を中退し、大正八年（一九一九）十月、ロシア語留学生としてハルビンに渡る。十三年には正式に外務省に奉職。そして、満州とフィンランドで勤務した後、リトアニア日本領事館領事代理に任命されたのが昭和十四年（一九三九）、千畝三十九歳のときだった。

■約六千人のユダヤ系難民にビザを発給する

昭和十五年七月二十七日の早朝、リトアニアの首都カウナスにある日本領事館の建物は、ナチス・ドイツによってポーランドを追われてきた大勢のユダヤ系難民に取り巻かれていた。彼らは生きるためシベリアを通過して日本経由で米国へ行くことを望んだのである。

杉原はすぐに日本の外務省に大量ビザ発給を認めるよう打電したが、外務省は日独伊防共協定を盾《たて》にその申し出を拒絶する。杉原は一晩悩んだ末に、訓令違反のビザ発給を決断するに至る。のちに杉原はこのときの気持ちを聞かれ、

「わたしは目に涙をためて懇願《こんがん》する彼らに同情せずにはいられなかった。この人々をどうして見捨てることができようか。見捨てればわたしは神に背く」

と純粋に人道的、博愛的精神からユダヤ系難民を救ったと説明している。

領事館の門が開いた瞬間、建物を取り巻く群衆は狂喜し、大歓声を上げたという。この領事館はあと一カ月ほどで閉鎖が決まっていたが、杉原はその日から出国直前まで難民たちに「命のビザ」を書き続けた。用紙が足りなくなるとありあわせ

の紙を利用してまで書き続けたという。

最終的に杉原は約六千人の難民にビザを発給した。難民たちは杉原に心からの感謝の言葉を述べると、シベリア鉄道で大陸を横断していった。そして、ウラジオストックに到着すると船で日本に渡り、米国本土などへと旅立っていったのである。

映画『シンドラーのリスト』で、オスカー・シンドラーが助けたユダヤ人は約千二百人といわれている。それも、自身の軍需工場で働く労働者が中心だった。その点、杉原は縁もゆかりもないユダヤ人を六千人も救ったのだ。われわれは同胞としてこの人道・博愛主義者の杉原千畝をもっと誇ってよいはずである。

■外務省に復職するもすぐに解雇される

リトアニアがソ連に併合された後、杉原はドイツ、チェコ、東プロセイン、ルーマニアの各日本領事館に勤務する。そして、第二次世界大戦が終結してルーマニアで抑留生活を送った後、昭和二十二年四月、ようやく帰国することができた。

杉原はすぐに外務省に復職したが、二カ月ほどたって当時の事務次官から呼び出しを受ける。それは寝耳に水の解雇通告だった。リトアニア時代、独断で大量にビザを発給した責任をとらされたのだ。上意下達を旨《むね》とする役人社会にあって、それに従わない杉原は「異分子」でしかなかったのである。

その後の杉原だが、妻と三人の子を抱え、占領下の混乱の中で必死に生き抜いた。職探しに困り果て、コメの担ぎ屋になろうと考えたこともあったという。しかし、彼の卓越した語学力がその窮状を救った。

東京ＰＸ（進駐軍向けの商業施設）の日本総支配人を皮切りに貿易商社、ニコライ学院教授、ＮＨＫ国際局などに勤務。昭和三十五年からは「川上貿易」モスクワ事務所長として、再びソ連の地を踏んだ。その五年後には「国際交易」のモスクワ支店代表となる。こうして杉原は忙しくも平穏な日々を過ごすことになる。「命のビザ」の逸話も歴史の中に人知れず埋もれていくはずだった。しかし、その平穏が一本の電話によって突然破られることになる。

それは杉原六十八歳のときで、イスラエル大使館に勤務するニシュリ参事官からの電話だった。同参事官は杉原に面会すると、ぼろぼろになった「杉原ビザ」を見せながら、

「あなたはわたしのことを忘れたでしょうが、わたしたちは片時もあなたのことを

忘れたことはありません。あなたに感謝の気持ちを伝えたくて、この二十八年間ずっとあなたのことを探し続けていました」

あふれる涙をぬぐおうともせず、そう告白したのである。

翌年、杉原はイスラエルに招待され、バルハフティック宗教大臣から丁重なる歓迎を受ける。かつてリトアニアの領事館で出会った難民側の代表を務めていた人物である。同大臣は、あのときのビザ発給が杉原の独断であったことをこのとき初めて知り、しかもそれが原因で外務省を退官させられたことを杉原から聞くと、大いに驚き、かつ心からの同情の言葉を述べたという。

その後の杉原だが、七十五歳で「国際交易」を退職しモスクワから日本に帰国する。昭和六十年、八十五歳のときにイスラエル政府から「ヤド・バシェム賞」を受賞し、その翌年の七月三十一日、杉原は鎌倉市内の病院で静かに自らの人生の幕を引いたのである。享年八十六。

後日談として、平成十二年(二〇〇〇)に当時の河野洋平外務大臣が、「外務省として杉原氏に色々とご無礼があったことをお詫びしたい」と語ったことに触れておかねばなるまい。あれから半世紀が過ぎ、杉原千畝の名誉はようやく回復したのである。

稀代の妖婦・阿部定のヴェールに包まれた足取りの謎

■国会の委員会を中断して号外に読みふける議員たち

昭和十一年（一九三六）五月十八日、東京市（現東京都）荒川区尾久《おぐ》の待合（今日のラブホテル）「満佐喜《まさき》」二階の一室において、近代日本の犯罪史に名を刻む一大痴情事件が起きた。

その日の朝八時ごろ、一週間前から居続けていた男女二人連れのうち、女のほうが「水菓子（果物のこと）を買いに行く」と女中に言い残して外出、そのまま帰って来なかった。午前十一時ごろになり、不審に思った女中が部屋をのぞくと、男が布団の上で血まみれになって死んでいたのである。

男の死因は絞殺《こうさつ》で、首には赤い絹の腰紐《ひも》が巻き付けられていた。敷布には血液で「定・吉二人」と書かれ、左腕には一文字「定」と刃物で刻まれていた。さらに異様だったのは、男の局部が陰嚢《いんのう》もろとも切り取られていたことである。同伴の女の犯行であることは明白だった。しかし、なぜ局部を切り取る必要があったのか、警察は頭を悩ませつつも捜査に乗り出し、すぐに男女二人の身元を特定した。

殺害された男は中野区新井町の鰻《うなぎ》料理店「吉田屋」の主人・石田吉蔵《いしだきちぞう》（四十二歳）、失踪した女は吉蔵の愛人で同店の仲居・阿部定《あべさだ》（三十二歳）と判明した。事件発覚から二日後、定は品川駅前の旅館に潜伏していたところをみつかり、逮捕される。のちに身体検査をすると、帯の間から大事そうにハトロン紙に包まれた吉蔵の局部が出てきたので、刑事たちは皆一様に仰天したという。

この事件はその猟奇性から世間の強い関心を集め、新聞各社から「阿部定捕まる」の号外が出るほどだった。当時、国会では二つの委員会が開かれていたが、委員長の申し出で急きょ中断し、全議員が号外に読みふけった。また、逮捕前日に定に呼ばれて体をもんだマッサージ師は、新聞社や雑誌社の取材謝礼で大金を得、自宅を新築するほどだった。

事件後、当時の新聞や低俗な雑誌によって「稀代《きたい》の妖婦」「猟奇的殺人者」などと面白おかしく書きたてられた阿部定。一体、逮捕されてからの彼女はどんな後半生を歩んだのであろうか。

■人生の歯車を狂わせた「きっかけ」

阿部定は明治三十八年（一九〇五）五月二十八日、現在の東京・神田多町で生まれた。八人兄弟の末っ子である。家は江戸時代から続く畳店「相模屋《さがみや》」で暮らしは裕福だった。幼いころから美少女として近所でも評判で、両親もそれを喜び、学業よりも歌や踊りの稽古を優先させた。そうした環境からか、定は、ませた娘として育っていく。

転機は満十四歳のときに訪れる。女友達の知り合いの大学生に無理やり強姦《ごうかん》されてしまったのだ。定は「処女でなくなったからにはもうお嫁に行けない」と思いつめ、自暴自棄となって連日のように同じ不良仲間の少年少女を引き連れ、浅草界隈《かいわい》を遊びまわるようになる。

しまいには両親にも見限られた定は、芸妓《げいぎ》から娼妓《しょうぎ》（売春婦）、妾《めかけ》と「女」を切り売りし、二十代も半ばになると片時も男なしではいられない日々を過ごすようになっていた。このころ自分の体の中に人一倍淫蕩《いんとう》な血が流れていることに悩んだ定は医者に診《み》てもらったりしているが、その際医者からは「結婚するか、精神修養のために読書」を勧められている。

三十二歳になった定は、職業紹介所の口利きで石田吉蔵の店で住み込みで働き始める。定が事件を起こす三カ月前のことである。店に入って定はすぐに好色な吉蔵から袖《そで》を引かれ、理無《わりな》い仲となった。ところが、吉蔵の女房に勘付かれ、やむなく二人は手に手をとって逃避行に及んだのである。これが四月下旬のことで、それからの二人は各地の旅館や待合を転々として愛欲にただれた日々を過ごすようになる。

事件を起こした前後のことを定はのちにこう証言している。

五月十一日から満佐喜の一室に引きこもり、二人は一日に五度も六度も情交に及んだ。吉蔵には変わった性癖があり、その最中《さなか》、気絶寸前まで定に自分の首を絞めさせるのが常だった。十八日になって、この日もそんな変態的《アブノーマル》な情交にふけっていたが、突然吉蔵が「もう疲れた。家に帰りたい」と言い出したことから、定の頭の中で何かがはじけた。

「この男《ひと》を妻に返したくない」

そう決心した定は、深夜、情事で疲れて熟睡している吉蔵の首に腰紐を巻き付

昭和を代表する猟奇事件を起こした阿部定（中央）

け、一気に引き絞ったのである。
なぜ吉蔵の局部を切り取ったかについて聞かれ、

「本当は体ごとおぶって持ち出したかったが、女の身でそうもいかない。それなら愛《いと》しい男の一番かわいいものだけでも持ち出そうと思った」と説明している。

■自ら事件の主役を演じて全国を回る

さて、事件から七カ月後の十二月になり、阿部定は「懲役六年」という思いのほか軽い刑を言い渡され栃木刑務所に服役する。裁判の中で定の精神鑑定を担当した東大の教授は彼女を「先天的な淫乱症《ニンフォマニア》」と診断。また、石田吉蔵には多分にマゾヒズム的性癖があったこともわかり、事件は「痴情《ちじょう》の末」と判定されたことが大きかった。

刑務所での定は模範囚で、命じられた紙細工をほかの女囚《じょしゅう》の二人分こなした。刑務所に入っていても定の人気は絶大で、四百をこえる結婚申し込みの手紙が全国から届き、出所後は高額でスカウトしたいという映画会社やカフェもあらわれるほどだった。また、このころ定は吉蔵の後世《ごせ》を弔《とむら》うため日蓮宗に帰依《きえ》するという殊勝《しゅしょう》な一面もみせている。

昭和十六年五月十七日、前年の「皇紀二千六百年祝典」を理由にした恩赦《おんしゃ》で減刑され、定は仮出所した。その後の定だが、「吉井昌子」と名前を変え、過去を隠して赤坂の料亭で仲居として働き始める。そして、そこで知り合った男と同棲し、ようやく平穏な日々を手に入れるが、しあわせは長続きしなかった。

終戦後、エログロナンセンスブームの波に乗り、「稀代の妖婦・阿部定」を取り上げた俗悪なカストリ本が続々と出版され、これにより同棲する男から阿部定であることが知られ、二人の関係は破局を迎えてしまう。

その後の定は、作家の長田幹彦《ながたみきひこ》が主宰する劇団に入り、自ら阿部定事件の主役《ヒロイン》を演じて全国を巡業した。それが終わると、京都で芸者をしたり、大阪でホステスをしたり、伊豆の旅館で仲居をしたりした。昭和二十九年には東京・上野の料亭「星菊水」に仲居として引き抜かれる。それは、いわゆる「客寄せパンダ」として雇われたもので、月給はほかの仲居の五倍という破格の厚遇だった。この料亭での働きぶりはまじめで、当時の東京の料飲店組合から優良従業員として表彰されるほどだった。

昭和四十二年、定六十二歳のとき、台東区竜泉に「若竹」というおにぎり屋を開業する。話題性もあり店はなかなか繁盛するが、その三年後、定は忽然《こつぜん》と姿を消してしまう。店を手伝っていた女性が病気になったことで定一人に負担がかかり、体を壊してしまったのだ。また、年下の恋人に店の金を持ち逃げされたことも原因とされている。

四十六年、六十五歳になった定は千葉県市原市のホテルで働いていたことが確認されているが、すぐにそこも飛び出してしまう。姿を消す際、箸袋を利用した置き手紙を残している。そこには、

「――くれぐれも御立腹なきようお詫び申し上げます。ショセン私は駄目な女です」

と書かれてあった。

その後の定は四十九年ごろに浅草にいたという証言を最後に、プッツリと消息が途絶えてしまう。しかし、六十二年ごろまでは、吉蔵の命日になるときまって日蓮宗総本山・身延山《みのぶさん》久遠寺《くおんじ》に必ず定からと思われる花束が届いていたという。ということは、そのころまで定は存命だったとみるのが妥当だ。それなら享年八十二ということになる。

■マスコミによって創り上げられた妖婦伝説

阿部定の逮捕直後に高輪《たかなわ》警察署で撮影された一枚の写真が伝わっている。衿《えり》を抜いた粋《いき》な着物姿の定がまん中に立ち、後ろに刑事と思われる屈強な四人の男が取り巻いているのだが、不思議なことにどの男も満面の笑顔なのだ。このとき定はカメラマンに向かい、

「よい女に写してね」

と言って周囲を笑わせたというが、この写真が帝都《ていと》を震え上がらせた陰惨な事件の一端を伝えるものとは到底思えないほど和やかな雰囲気なのだ。まるで、有名人と一緒のフレームに収まる取り巻きのファン、といった趣だ。

阿部定の事件がこれほど世間にセンセーショナルを巻き起こしたのは、一つには時代背景がある。この事件が起こる三カ月前には昭和史を語るうえで欠かせない「二・二六事件」が勃発《ぼっぱつ》していた。この当時の大衆は、日本全体が戦争に向かって突き進むなか、将来に対し言い知れぬ不安を抱いていたのである。そこに、そのはけ口として阿部定事件が起こった。

情事の果てに男が女に殺され、しかも男の象徴《シンボル》が切り取られるという、なんとも陰惨な事件だが、見ようによってはどこかユーモラスだ。この当時の普段、女性に対し威張り散らしている男どもは「おれは大丈夫か」と思わず自らの股間を押さえたに違いない。

一方、戦後の混乱期に再び阿部定がマスコミに登場したのも同様の現象といえよう。国の大半が焦土と化し、今日食べるコメにも困窮した大衆は将来への希望が持てなくなり、自暴自棄となっていた。今日一日をどうにか生きられればよいという刹那的《せつなてき》な考えが蔓延《まんえん》するようになり、日常の憂《う》さを晴らすため、より刺激的なニュースに飛びついた。それが「稀代の妖婦・阿部定」だったのである。

戦前と戦後の二度にわたり、マスコミをにぎわせた阿部定。この逮捕直後に撮影された写真は、当時の大衆が阿部定事件によって暗い世相を一時でも忘却できたことを物語るなによりの証拠といえよう。

5 謎に包まれたあの人物の足跡

恋しい義経を思いながら、頼朝に舞を強要された静御前のその後は

■舞踊の名手で聡明な女性でもあった静

静御前《しずかごぜん》は　源《みなもとの》義経《よしつね》の愛妾《あいしょう》であり、白拍子《しらびょうし》と呼ばれる踊りの名手でもあった。白拍子の創始者は磯禅師《いそのぜんじ》という女性で、白い水干《すいかん》（狩衣《かりぎぬ》に似た着物）を着て男装し、烏帽子《えぼし》をかぶり、刀を差して男舞を踊った。この磯禅師の娘が静御前である。父親や生年は不明だ。

静御前は舞踊の名手だったばかりでなく、たいへん聡明な女性だったと伝えられる。それを証明する逸話が残っている。

源頼朝に命じられ、義経を暗殺するために土佐坊昌俊《とさのぼうまさとし》という者が京都に派遣されたときのことだ。昌俊は義経に面会し、いったんは宿舎に戻ったが、その戻って行くときの挙動に不審なものを感じた静は義経に、

「あの男はきっと攻めてくるでしょう。準備しておいたほうがよいと思います」と忠告した。義経は半信半疑でいたが、はたせるかな、夜中になって昌俊が暗殺団を率いて襲ってきた。義経は、

「昌俊ごとき何ほどのことがあろう」

と鎧《よろい》もつけず、刀を引っ提《さ》げただけで応戦しようとした。それを必死で押し留めたのが静である。

「小敵といえども侮《あなど》ってはなりません」

そう言って、義経に甲冑《かっちゅう》を差しだし、完全武装をさせたのである。結果的にこれが幸いした。義経主従は暗殺団をどうにか追い払ったのだが、後で気がつけば義経の全身には針鼠《ねずみ》のごとく敵の矢が刺さっていたという。

このときの二人のやりとりを想像すると、やんちゃで無鉄砲な義経としっかりものの静という関係がしのばれ、ほほえましくさえある。義経はこのとき二十七歳。静の年齢はわからないが、それより年上か、そうでなければよほど賢く、肝《きも》が据わった女性だったのだろう。

やがて、兄頼朝の厳しい追及をかわしきれなくなった義経は、いったん吉野山に

隠れる。従者は武蔵坊弁慶《むさしぼうべんけい》、源有綱《ありつな》、堀景光《ほりかげみつ》、そして静の四人のみであった。ところが、女連れでは何かと目立つため、静は泣く泣く義経主従と別れる。

■義経を苦難に陥れた頼朝の面前で舞を披露

そして、一人風雪に耐え山中をさまよっているところを山僧に逮捕され、鎌倉へと護送される。静は頼朝の前に引き出され、義経の行方について詰問されるが、何を聞かれても「知らない」と答えるばかり。実際、彼女は知らなかったのである。

頼朝は静が嘘をついていないことを信じたものの、そのまま釈放するようなことはせず、家来の屋敷に留まることを命じている。なぜなら、このとき静は義経の子を身ごもっていたからだ。

京都でそれと知られた舞の名手である静が鎌倉に来ていると聞いて、喜んだのが頼朝の妻の（北条）政子だった。頼朝自身も静の舞を見たいと思い、二人はしきりに召し出そうとした。ところが、静はそのつど病気と称して断っている。いくら金で買われる芸者とはいえ、愛する義経を苦難に陥《おとしい》れた憎い敵の前で踊ることなど静には到底できなかった。

しかし、頼朝夫妻の要求は執拗《しつよう》だった。静はとうとう抗しきれず、舞うことを承諾する。文治二年（一一八六）四月八日、釈迦《しゃか》の誕生会《たんじょうえ》の日、鶴岡八幡宮に参拝した頼朝夫妻の前で、静は舞を披露した。

当日、上座には頼朝夫妻、下座には源氏の武将が居流れていた。鼓《つづみ》を打つのは工藤祐経《くどうすけつね》である。後に曽我兄弟によって仇討ちされる人物だ。静は衣装をととのえ、頼朝夫妻の前に滑《すべ》るような足取りで進み出ると、まず、美しい声で和歌を唱えた。

吉野山峰の白雪踏み分けて入りし人の跡ぞ恋しき

そして、優雅な所作で舞を始めた。列席した人々はあたかも天女の舞を眼前にするかのごとく、静にみとれた。頼朝夫妻とて例外でなかった。頼朝は思わず目の前の御簾《みす》をまくり上げたほどだった。静は一通り舞い終えると、最後にまた和歌を唱えた。

しづやしづ賤《しづ》のをだまき繰り返し昔を今になすよしもがな

二つの和歌はいずれも古歌を借用し、その一部を変えたものだが、義経への恋情を込めたことは明らかだった。一座の人々は頼朝の御前で反逆者・義経を慕《した》う気持ちを堂々と表明した静の態度に感動し、ついで悲劇の英雄・義経の不幸を思いやった。

粛然《しゅくぜん》とした空気に包まれるなか、感動が頂点に達したのか、そこここですすり泣きが始まった。一人、頼朝だけは御簾を乱暴に引き下げ、憤然と席を立ったという。

後世よく知られた「しづやしづ……」の舞にはこんないきさつがあった。

■義経との間にできた子を出産するも……

その後の静だが、頼朝はいったんは懲罰を与えようとしたが政子にいさめられ、思いとどまる。義経を慕ういじらしい静の気持ちに同じ女性として政子は打たれたのである。

五月十五日、静の幽閉先でこんな〝事件〟が起きている。その日、源氏の武士たちが屋敷に押しかけ、酒宴を開いた。静を肴《さかな》にして楽しもうとよからぬことを考えたのである。宴半ばで酔った梶原景茂《かじわらかげもち》が酌をする静の体を引き寄せ強引に押し倒そうとした。すると静ははらはらと落涙し、

「予州《よしゅう》（義経）は鎌倉殿（頼朝）の連枝《れんし》で、私はその侍妾《じしょう》である。あなたは鎌倉殿の家人だ。それなのに何と無礼なことをなさるのか。鎌倉殿が兄弟の道を全《まっと》うされ、予州がここにいたなら、あなたなどは私の顔も見られなかったでしょうに」

と言った。これにはいかに厚顔の景茂も恥じ入って引き下がったという。

それから三カ月後、静は玉のような男子を出産する。頼朝はそれを伝え聞くと、家来に命じてその子を殺させようとした。静は日ごろの慎み深さも忘れ、泣き叫んで赤ん坊にしがみついた。しかし、結局は奪い取られ、殺されてしまう。義経の子はわずか一日の生命だった。

頼朝自身、平清盛の継母である池禅尼《いけのぜんに》の情に助命されたからこそ、後に平家を滅ぼすことができたのである。むごい仕打ちのようだが、乱世にあっては敵の子に情をかけたことがいずれ自分にどう跳ね返ってくるか知れたものではなかった。頼朝は源氏の棟梁《とうりょう》として当然の選択をしたのである。

静はそれから二カ月ほど鎌倉に滞在した。毎日泣き暮らしたことは想像に難くない。政子はそんな静を憐れみ、何度も贈り物をしている。九月になって、静は鎌倉を後にし、京都へ向かって旅立った。その後の消息は伝わっていない。京都に着いてすぐ亡くなったとも、尼になったとも言われている。

鉄砲伝来にまつわる悲劇のヒロイン・若狭のその後

■国産第一号の鉄砲はいかにして造られたか

天文十二年（一五四三）八月、種子島《たねがしま》（鹿児島県）の南端、門倉岬《かどくら》に戎克船《ジャンク》と呼ばれる大きな中国船が漂着した。船にはたまたま三人のポルトガル商人が乗っており、手には当時の日本人が見たこともない長さ二〜三尺の鉄の筒を提《さ》げていた。これこそ十五世紀前半に欧州で発明された鉄砲——火縄銃であった。

当時、島の領主は種子島時堯《ときたか》。十六と若いこともあり、この鉄砲に大いに興味を示し、ポルトガル商人に頼み込んで二挺《ちょう》を買い求めている。

鉄砲を手に入れた時堯は、島内でも屈指の技量を持つ鍛冶《かじ》師・八板金兵衛《やいたきんべえ》にその製造法を研究させた。当時の種子島は良質な砂鉄がとれることから製鉄が盛んで、最盛期の戦国時代になると島内に三十軒をこえる鍛冶屋があったという。

金兵衛は時堯の期待によく応え、翌天文十三年には早くも国産第一号の鉄砲を完成させる。その後、鉄砲製造の技術は戦国乱世の追い風を受け、またたく間に堺（大阪）、根来《ねごろ》（和歌山）、国友《くにとも》（滋賀）などに伝わっていった。

鉄砲伝来から三十二年後の長篠合戦（天正三年＝一五七五）においては、織田信《おだのぶ》長《なが》は三千挺もの鉄砲を駆使した。また、関ケ原合戦（慶長五年＝一六〇〇）では約五万挺もの鉄砲が投入されたという。この戦国末期になると日本一国で世界中の鉄砲の五〇％を所有していたとされ、間違いなく世界最大の鉄砲大国であった。

これほどの短期間で鉄砲が日本全国に広がった背景には、日本の鍛冶職人には刀剣を製造する高度な鉄の加工技術があったからだ。特に、丈夫で破損しにくい銃身は、鋼《はがね》を叩いて鍛える「鍛錬《たんれん》」の技法なくしては生まれなかったといわれている。

それにしても、国産第一号の鉄砲を完成させた八板金兵衛には頭が下がる。実物を見ただけで、短期間にそっくり同じ物を造り上げたのだから、余程優秀な鍛冶職人だったのだろう。しかし、そんな金兵衛も、鉄砲を完成させるうえでいくつかの難関に直面していた。それを救ったのが、誰あろう、金兵衛の娘・若狭《わかさ》であった。

若狭は父の窮状を救うため自ら嫁《とつ》ぐことを条件にポルトガル人から鉄砲製造にお

ける最大の難関であった「底ふさぎの法」を聞き出すことに成功する。そして、約束通り秘法を明かしてくれたポルトガル人に嫁いで異国へと渡った若狭だったが、その後、彼女は一体どんな人生を送ったのだろうか。

■製造法の秘密と交換にポルトガル人に嫁ぐ

八板金兵衛は悩んでいた。銃底をふさぐねじの製法がどうしてもわからないのだ。鉄砲は撃った後、火薬のすすが銃身に残る。すすがたまると暴発の恐れがあるため、それを取り除かなくてはならない。そのため、普段は密閉できて、しかも必要なときは簡単に取り外せるねじの仕組みがどうしても必要だったのである。

しかし、当時の日本人には「ねじ」の概念がなかった。銃底をただふさいだだけの「張りふさぎ」では、数回の発砲で使い物にならなくなることは明白だった。そこで、金兵衛は実物を参考に見様見真似でねじを造ろうとしたが、これがどうしてもうまくいかない。

ねじは、雄《お》ねじと、それをはめる雌《め》ねじとで一対を成す。金兵衛は雄ねじのほうはどうにか完成させたものの、銃身の内側に刻む雌ねじの切り方がどうしてもわか

らなかった。そこで、金兵衛は辞を低くしてポルトガル人からその製法を聞き出そうとした。するとポルトガル人は、

「お前の娘、若狭をわたしの妻にくれるなら教えてもよい」

という返事。若狭は十七になる娘で、島でも評判の美人だった。金兵衛には愛する娘を南蛮人にくれてやることなど到底できない、しかし、殿さま（種子島時尭）の命令は絶対だ。

娘か、領主の命令か……

日夜苦悩する父を見るに見兼ねた若狭はポルトガル人に嫁ぐことを決意し、金兵衛を説得する。地元に伝わる史料には、その南蛮人は「牟良叔舎《フランシスコ》」という男だと記録されている。ところが、牟良叔舎は商人なのでその製法を知らなかった。そこで、牟良叔舎はいったん新妻の若狭と一緒に異国へ旅立ったが、その二カ月後に一人の鍛冶職人を伴い、若狭と共に戻ってくる。

こうして金兵衛は念願だった銃身に雌ねじを切る方法をわがものとする。その製法とは、雄ねじと同様の形状の「ねじ型」を鋼鉄で造り、真っ赤に焼いて軟らかくした銃身にねじ込んで螺旋《らせん》の溝を刻むというものだった。

鉄砲製造における最大の難関を乗り越えたことで、製造技術は猛スピードで全国各地に広がり、世界最大の鉄砲大国へと邁進《まいしん》していくことになるのである。

そこで、気になる若狭のその後だが、再会をはたして喜び合う親娘《おやこ》だったが、再び島を離れる日が近付いてくると、若狭は急病で倒れ、日を置かず、亡くなってしまった。金兵衛は悲しみをこらえつつ若狭を棺《ひつぎ》に入れ、葬儀を執《と》り行った。

八板家に伝わる史料には、夫である牟良叔舎はこの葬儀の様子を涙を流すこともなく見守った、とある。牟良叔舎はこの葬儀が偽《いつわ》り、つまり自分を欺《あざむ》くための茶番であると確信していたのだ。

牟良叔舎は島を去る際、「これが嘘なら七代まで祟《たた》るぞ」と捨て台詞《ぜりふ》を残したという。その後、八板家は七代にわたって女子が誕生しなかったというから、これがその牟良叔舎の祟りだったのだろうか。

このとき若狭は本当に亡くなったのか、それとも葬儀は偽りで生き延びたのか、そもそも若狭は実在したのか、確かなことはなにも伝わっていない。

主家再興に尽くした勇士・山中鹿之介、その隠された真相

■伊丹の清酒を江戸で売って財を成した鹿之介の遺児

三日月に向かって「われに七難八苦を与えたまえ」と祈る一人の青年武士。この武士こそ、尼子《あまこ》十勇士の一人、山中鹿之介《やまなかしかのすけ》である。戦前の教育を受けた人なら、教科書で名前を知ったという人も多いだろう。それだけ鹿之介は戦前まで「忠君の士」というイメージが定着していたのである。

山中鹿之介幸盛《ゆきもり》は出雲《いずも》国（島根県）尼子氏の一族で、天文十三年（一五四四）の生まれという。永禄六年（一五六三）、毛利元就《もうりもとなり》が出雲の富田（月山）城に侵攻した際、これを迎え撃って奮戦し、勇名を馳《は》せる。三日月に向かって誓いを立てたのはこのときとされる。しかし、城は落ち、鹿之介は浪人に身をやつす。

その後、鹿之介は尼子家の再興に奔走《ほんそう》し、京都・東福寺にいた尼子勝久《かつひさ》を還俗《げんぞく》さ

せて擁立、一時は出雲の大半を回復する。ところが、毛利軍の反抗に遭い、天正六年（一五七八）、勝久と共に守っていた播磨上月城《はりまこうづき》を落とされ捕虜となる。鹿之介は毛利輝元《てるもと》のもとへ護送される途中、備中高梁《びっちゅうたかはし》で殺害され、文字通り七難八苦の生涯を閉じる。享年三十五。

山中鹿之介が主家再興に尽くした勇士というイメージが大衆に浸透するようになったのは、江戸初期、小瀬甫庵《おぜほあん》が『甫庵太閤記』の中で三日月に祈る鹿之介をドラマチックに描写し、さらに頼山陽《らいさんよう》が詠んだ漢詩によるところも大きい。

それはともかく、山中鹿之介には新六幸元《しんろくゆきもと》という遺児があった。この新六が二一世紀の今日にも伝わる、ある大企業の始祖となったことをご存じだろうか。山中鹿之介亡き後、新六がたどったサクセスストーリーを追った。

新六は幼時、播磨の三木城主別所長治《べっしょながはる》の重臣である黒田幸隆《くろだゆきたか》の養子となった。天正七年、羽柴（豊臣）秀吉に攻撃され黒田城が陥落したため、摂津国《せっつのくに》（現在の大阪と兵庫の境）伊丹《いたみ》の叔父《おじ》の家に身を寄せる。新六はここで武士を捨て、商人として生きることを決意する。名も新右衛門と改めた。

伊丹という土地は古くから濁酒《どぶろく》造りが盛んで、新右衛門はこれに目をつけた。新右衛門は濁酒造りを続けるなかで偶然、清酒を生み出す。この清酒誕生については『摂陽落穂集《せつようおちぼしゅう》』という本にこう記されている。

家の下男の一人が身持ちの悪さから放逐《ほうちく》されることになり、それを逆恨みした男が腹いせに酒桶《おけ》に木灰を投げ込んで逃げたという。あとで桶をのぞくと、濁酒が澄み切った酒に変じており、味も香りも格段によくなっていたという。

新右衛門はこの清酒を江戸に運ぶことを考えた。慶長五年（一六〇〇）の春、搾りたての新酒を詰めた樽《たる》を馬の背に載せ、陸路、江戸へ向かう。当時の江戸は天下分け目の合戦（関ケ原合戦）を目前に控え、諸国の武士が集まっていた。酒といえば濁酒しか飲んだことがない当時の武士も庶民も、この上方からやってきた澄んだ酒に驚き、争って買い求めた。

■新右衛門の息子はやがて大坂一の豪商に

その後、新興の江戸は大消費都市へと変貌を遂げるなかで酒の需要が急拡大する。新右衛門の先見の明が見事に的中した訳だ。やがて、廻船の便が開かれたことで一層拍車がかかり、新右衛門は瞬く間に巨万の富を築くことになった。伊丹や池田の酒は「江戸下り」の高級酒として珍重され、それ以外の江戸周辺から入ってくる酒は「下らない酒」と一段低く見られた。これが「価値がない――くだらない」の語源とされている。

元禄時代、極上の酒と言われたのが、「白雪」「男山」「剣菱《けんびし》」といった伊丹酒であった。終生酒を愛した頼山陽などは「魚は琵琶湖の鮮にあらざれば食せず、酒は伊丹の醸にあらざれば飲まず」とうそぶいたほどだった。

新右衛門は酒を江戸に運ぶために海運業、さらに豊富な資金を背景に大名貸しも始めた。これにより財産は雪だるま式に膨張した。

慶安三年（一六五〇）、新右衛門は八十一歳で大往生する。新右衛門には八男二女があり、男子はそれぞれ伊丹にある本家を継いだり、分家したりした。新右衛門の大坂内久宝寺店は八男正成《まさなり》が相続する。

この正成が、のちに大坂一の豪商となる鴻池《こうのいけ》善右衛門家（今橋鴻池家）の初代となる。江戸期、鴻池家といえば、通常この鴻池善右衛門家を指した。善右衛門家は享保（一七一六〜三六）年間には両替商に専念し、のちの三和銀行（現三菱東京UFJ銀行）へとつながるのである。

本能寺の変で謀反人の娘となった細川ガラシャの数奇な後半生

■戦国期を代表する悲劇のヒロイン「ガラシャ夫人」

古今東西、美しく生まれついたばかりに数奇な運命をたどる女性は多い。特に戦国時代、お家のためにと政略結婚させられ、悲しい最期を遂げた女性の例は枚挙にいとまがない。

なかでも、戦国期を代表する悲劇のヒロインと言われるのが、織田信長《おだのぶなが》の妹お市の方と、のちに「ガラシャ夫人」と呼ばれる明智光秀《あけちみつひで》の娘お玉である。

ことにお玉は、主殺しの謀反人《むほんにん》の娘と後ろ指をさされ、苦難の後半生を送った。その後、関ケ原の合戦に巻き込まれて亡くなるまでの約二十年間、彼女は何を思いどう過ごしたのだろうか。

お玉は永禄六年（一五六三）、明智光秀の三女（次女説もある）として生まれた。

信長の家臣となって手柄を立てた光秀は坂本城（滋賀県大津市）を築城し、お玉はこの城で少女期を過ごす。やがて、お玉はたいへんな美人に成長する。

お玉十七歳のとき、人生の転機が訪れる。信長の命により勝竜寺城《しょうりゅうじ》（京都府長岡京市）城主細川藤孝《ほそかわふじたか》の長男忠興《ただおき》の妻となる。忠興も同じ十七歳。荒々しさと優雅さを併せ持つ青年武将だったが、人一倍嫉妬《しっと》心が強かった。忠興は美しいお玉を溺愛《できあい》し、たとえ雄猫一匹でもお玉の部屋に近づくことを禁じたという。

しかし、二人のそんな蜜月時代も長続きしなかった。天正十年（一五八二）六月二日未明、光秀が本能寺に宿泊していた主君信長を急襲し、自害に追い込む。日本の歴史を変えた大事件「本能寺の変」である。これでお玉の運命は一変した。

細川家は上を下への大騒ぎとなり、謀反人の娘をそのまま留め置くことはできない、と家来たちが忠興に詰め寄った。そこで忠興は不承不承ながら、お玉を生まれたばかりの子供から引き離し、わずかな供回りをつけて丹後半島の味土野《みどの》という山里に幽閉してしまう。お玉の苦難の人生はこの山里から始まった。

夫や子供と離れ離れになっただけでもお玉には五体を引き裂かれる苦しみだったが、そこに、人づてに聞いた明智一族の無惨な最期の様子が追い打ちをかけた。し

戦国乱世の荒波に翻弄され死を選んだ細川ガラシャ

かも、このとき妊娠していた子を死産するという悲劇も加わり、お玉は地獄の責め苦を味わう。

そんな悲しみに明け暮れるお玉に救いの手を差し延べたのが、侍女の佳代《かよ》である。マリアという洗礼名を持つ佳代は、お玉にデウス（天主）の教えを説いて慰《なぐさ》め励ました。

天正十二年、天下人となった秀吉は忠興に、大坂城下に屋敷を新築するよう命じ、お玉を迎え入れることを許した。忠興にとって二年ぶりのお玉との再会だった。忠興はお玉に外出を禁じて邸内に閉じ込め、以前と変わらず溺愛したという。

十五年三月、忠興は秀吉に従い九州の島津征伐に出陣した。その留守にお玉は侍女数人と屋敷を抜け出し、念願の教会に出向く。以来、お玉は佳代を使って宣教師と手紙のやりとりをし、信仰を深めていった。そして、ついには洗礼を受ける決意を固めるのだが、折悪しく秀吉がキリシタン禁制を布告する。

それでも受洗したいお玉の気持ちは変わらなかった。同年、お玉は佳代を通じて洗礼を受ける。洗礼名「ガラシャ」はラテン語で「恩寵《おんちょう》」という意味だ。このとき三男の忠利と侍女十三人も一緒に受洗した。

遠征から帰った忠興はお玉の受洗を知り、激怒する。忠興は一緒に入信した侍女の耳や鼻を削いで追放してしまう。しかし、キリシタンへの取り締まりがいったん緩《ゆる》むと、忠興も態度を軟化させ、お玉の希望を聞いて屋敷内に礼拝堂や孤児院を建てるほどだった。忠興はよほどお玉に惚《ほ》れ抜いていたのであろう。

■石田三成の要求に抗しきれず自害を選ぶ

文禄元年（一五九二）、秀吉《ひでよし》は明征伐《せいばつ》を決断、諸将を肥前《ひぜん》に集結させた。忠興もその中にいた。その隙《すき》をついたものか、大坂城にいる自分のところまで来るよう秀吉はお玉に命じた。

かねてから美人と噂が高いお玉を見てみたいと好き心がうずいたのである。お玉を引見し、その匂うような美しさにすっかり参ってしまった秀吉。お玉はよだれを垂らさんばかりの秀吉の好色な眼に気付くと、両手をついて深々とおじぎした。その途端、懐から一振《ひとふり》の懐剣がスルリと畳に滑り落ちた。お玉はあわてもせずゆっくりと短刀を懐へ戻すと、粗相《そそう》を詫びた。

このとき秀吉は出鼻をくじかれたように照れ笑いをしながら退室したという。こうしてお玉は操《みさお》を守った。秀吉は、お玉を首尾よく手ごめにできたとしても、後で自害されては諸将に顔向けできなくなると判断し、己の好色を押さえ込んだのである。それ以後、秀吉はお玉を招こうとはしなかった。

秀吉の死後、徳川家康《とくがわいえやす》と石田三成《いしだみつなり》が対立、天下は再び乱れた。忠興は家康に三男の忠利を人質として差し出し忠誠を誓った。慶長五年（一六〇〇）五月、家康の会津討伐に従った忠興の留守に三成が挙兵、大坂の諸将の妻子を人質に取ると宣言し、細川邸も包囲した。

お玉は「夫忠興の許しがない」としてこれを拒否する。しかし、三成の要求に抗しきれなくなり、進退窮まったお玉は自害を決意する。といっても、キリスト教は自害を禁じているため、お玉は家老の小笠原少斎《おがさわらしょうさい》に命じて自らの胸を突かせた。少斎はお玉が事切れたのを確認すると屋敷に火を放ち、割腹して果てた。同年七月十七日、お玉三十八年の生涯であった。

戦国乱世に生きる夫の愛とキリスト教との板挟みになりながらも、細川家の面目を保つため死を選んだお玉。忠興はキリスト教式の葬儀を執り行い、その死を悼《いた》んだという。

真田昌幸・幸村父子をめぐる血と運命のドラマとは

■徳川軍の「天敵」、真田昌幸・幸村父子

真田昌幸《さなだまさゆき》は豊臣秀吉《とよとみひでよし》から「表裏比興《ひきょう》の者」と評された稀代《きたい》の謀将《ぼうしょう》だ。これは、「煮ても焼いても食えないやつ」というほどの意味らしい。昌幸は徳川家康《とくがわいえやす》の軍勢と二度合戦し、寡勢《かぜい》でありながら二度とも徳川軍を撃退することに成功した稀有《けう》な武将でもある。しかも、息子幸村《ゆきむら》は大坂夏の陣において、家康の懐深く突入し、家康に一時は切腹を覚悟させるほどに追い詰めたこともあった。まさに、家康にとって真田昌幸・幸村父子《おやこ》は「天敵」以外のなにものでもなかった。

そんな昌幸は、関ケ原合戦で西軍に味方したことから、合戦後、家康によって紀州(和歌山)・九度山《くどやま》での蟄居《ちっきょ》を命じられ、そこで没している。九度山での配流《はいる》生活は十一年間にも及んだ。死の間際まで、家康ともう一度戦いたいと念願していた昌

幸。配流生活を伝える史料は数少ないが、そんな少ない史料を読み解きながら、どんな暮らしぶりだったのかを探ってみたいと思う。

さらに、父昌幸の遺志を受け継ぎ、大坂の陣で家康と戦った幸村にまつわる〝その後〟についても触れてみたい。幸村は大坂夏の陣において戦死したとされているが、戦《いくさ》の最中《さなか》に豊臣秀吉の遺児・秀頼《ひでより》を連れて大坂城を脱出し、薩摩《さつま》（鹿児島）へ逃れたという伝説があるのをご存じだろうか。この伝説を、しょせん判官贔屓《ほうがんびいき》の類《たぐい》と片付けるのは簡単だが、それを裏付けるいくつかの証拠があることもまた事実なのだ。はたして、幸村は本当に秀頼と共に薩摩へ落ち延びたのだろうか。

■地方小豪族の戦国乱世を生き残る術

真田昌幸は天文十六年（一五四七）、武田信玄《たけだしんげん》麾下《きか》の真田幸隆《ゆきたか》の三男として誕生した。幸隆は智略に優れ、外様衆《とざましゅう》でありながら武田二十四将の一人に数えられるほど信玄の信頼が厚い武将であった。その幸隆の血を受け継いだ昌幸もまた才気煥発《かんぱつ》で、若くして信玄の近習《きんじゅう》に取り立てられている。

昌幸二十九歳のとき、兄二人が相次いで戦死したため、真田家を継ぎ、安房守《あわのかみ》を称した。その七年後、武田氏が滅亡すると、昌幸は真田家の自立を図るため、次々と目の前に現れる権力者の間を渡り歩いた。

まず、北条氏につき、ついで織田信長《おだのぶなが》に帰服《きふく》した。信長が滅ぶと越後の上杉景勝《うえすぎかげかつ》の傘下《さんか》に入り、その後、再び北条氏に従属したのち、最後は徳川家康に臣従《しんじゅう》した。昌幸はこれをわずか半年間で行ったのだ。つまり、半年間で五度、主君を四人もくるくると変えていったのである。地方の小豪族ゆえ戦国乱世を生き残るために仕方がないことかもしれないが、よく言えば時勢を見る目が確か、悪く言えば節操や信義に欠ける人物と評価されても仕方がないだろう。

その後、昌幸は徳川家康も裏切ることになる。自分の領地（上野国《こうずけのくに》・沼田）を家康が勝手に北条方に引き渡そうとしたからだ。昌幸は家康との断交を宣言し、上杉景勝に泣きついてかつての変節を詫びたうえで救援を依頼する。怒った家康は七千の兵を昌幸がこもる信州・上田城に向かわせた。これが天正十三年（一五八五）八月の第一次上田合戦である。

この合戦で、昌幸とその長男信之《のぶゆき》、次男幸村（信繁《のぶしげ》）の真田父子はわずか二千の寡勢で徳川の大軍を翻弄《ほんろう》する。城の東を流れる神川《かんがわ》の流れを最大限利用するなど地の利を生かした昌幸の作戦が悉《ことごと》く成功し、徳川軍は撤退を余儀なくされる。

徳川軍が撤退を決めた背景にはもうひとつ、昌幸が仕掛けたある謀略戦があったという。それは、徳川との戦が決まってから、昌幸は上杉景勝を通じて、豊臣秀吉のもとへ支援要請をしており、そのことをあえて徳川方に漏れるよう仕組んだのだ。そのため秀吉との無用な戦を避けたいと考えた家康は無理押しを断念し、撤退を決めたとされている。まさに策士・昌幸の面目躍如《めんもくやくじょ》たる逸話だ。

この第一次上田合戦後、昌幸は秀吉に臣従するが、やがて、その秀吉も亡くなり、関ケ原合戦が近付くと、東軍の家康につくべきか、西軍の石田三成《いしだみつなり》につくべきかで頭を悩ませることになる。昌幸は二人の息子（信之、幸村）と相談を重ね、結果的に自分と幸村は西軍に、信之は東軍につくことにする。これなら戦の結果がどちらにころんでも後世に真田家が残ると踏んだのである。

そして、昌幸・幸村父子は、関ケ原の前哨戦《ぜんしょうせん》ともいうべき第二次上田合戦に臨《のぞ》むと、中山道《なかせんどう》を西上する徳川秀忠《ひでただ》の軍勢三万八千余を迎撃し、上田城下に五日間釘付《くぎ》けにしたのである。このため秀忠軍は肝心の関ケ原合戦に遅参《ちさん》し、のちに秀忠は父家康から大目玉をくらっている。

■九度山では生活に困り借金を重ねる

関ケ原後、家康に二度も煮え湯を飲ませた昌幸・幸村父子は当然打ち首になるはずだった。ところが、関ケ原では徳川方で戦った信之の必死の助命嘆願運動が奏功し、昌幸・幸村父子は罪一等を許され高野山での蟄居と決まる。人里離れた山奥にある高野山は昔から流刑地のひとつであった。

こうして昌幸・幸村父子は一族郎党《ろうとう》を引き連れ高野山へと向かった。家族や随伴《ずいはん》した近臣、侍女《じじょ》なども含めざっと五十人余りの一団とみられている。当初、高野山の蓮華定院《れんげじょういん》に入る予定だったが、そこには少し滞在しただけですぐ山麓《さんろく》の九度山村に居を移している。その理由として、一団の中に幸村の妻など女性が同行していたため、女人禁制の高野山に入れなかったからとも、高野山の冬はあまりにも寒く我慢できなかったからとも言われている。

昌幸・幸村父子の九度山での生活は、経済的にかなり苦しいものだった。国元の信之からの仕送りと、監視役の紀伊和歌山藩主・浅野長晟《あさのながあきら》からも毎年多少の援助はあったが、それだけではとても足りず、今日に伝わる「真田紐《さなだひも》」を織っては堺の商人を通じて販売し、暮らしの足しにしていたという。

　昌幸が国元へ仕送りを要請したときの手紙が残っている。最初に四十両を送ってほしいと信之に頼んだが、なぜか半分の二十両しか届かなかった。そこで昌幸は再度手紙を出し、

「こちらは借金が多く困っている。残りの二十両を一日も早く届けてほしい。できないなら五両でも十両でもよいから」

　と送金の催促をしている。家康にひと泡吹かせた戦国期きっての智将も借金の始末だけは勝手が違ったようである。

　生活は苦しかったが、外出は自由だった。昌幸は近所の川でよく釣りを楽しんだという。また、真田家歴代の系譜《けいふ》および事績をまとめた史書『真武《しんぶ》内伝追加《ないでんついか》』には幸村の話として、

「常に野人老僧に交《まじ》わり、或《ある》いは寺院に入って囲碁双六《すごろく》に日を暮らし、宿所にては夜深更《しんこう》に及ぶまで兵書等に目をさらし……」

　とある。昼間はのんびり囲碁や双六で遊んでいても、人目のない夜になると来たるべきときに備え、兵法の勉強を欠かさなかったことがわかる。

また、昌幸は嫡男の信之や親交のあった浅野長政《ながまさ》（長晟の父）を通じて、家康に蟄居を解いてもらうよう何度も懇願していたという。しかし、その願いがかなうことはついぞなかった。

昌幸は九度山に流されて十一年目の慶長十六年（一六一一）六月四日、息子幸村に看取《みと》られながら彼岸《ひがん》へと旅立った。享年六十五。最期の瞬間まで、家康との再戦を念願していたというから、根っからの戦国武将といえるだろう。この昌幸の悲願を託された幸村と家康との最終決戦はすぐそこまで迫っていた。

■英国商館長も日記に生存説を記す

慶長二十年五月七日。この日、もはや豊臣方の勝ち目はなくなり、最後の賭けに出た幸村は家康の本陣に突撃を敢行したが、あと一歩のところで長蛇《ちょうだ》を逸《いっ》してしまう。幸村は三度に及ぶ突撃で全身傷だらけとなり疲労困憊《こんぱい》して小休止しているところを敵兵に発見され、首を取られる。享年四十七。終焉《しゅうえん》の地は天王寺の安居《やすい》神社の境内であったという。

こうして家康を倒すという、昌幸・幸村父子の悲願は潰《つい》えてしまったが、最後まで豊臣家に忠誠を尽くして潔く死んでいった幸村の生き様は、当時の人々に強い衝撃を与えた。薩摩藩の初代藩主島津忠恒《しまづただつね》は大坂の陣における幸村の活躍を評して、

「真田日本一の兵《つわもの》」

という言葉を手紙に残している。まさに、この大坂の陣を境に真田幸村は花も実もある武将として後世に語り継がれていくことになるのである。

ところで、そんな幸村に関して、天王寺で亡くなったのは影武者で、本物の幸村は豊臣秀頼を連れて大坂城を脱出し、薩摩へ逃れたという伝説がある。戦後、秀頼の遺体が発見されていないところから出た説で、大坂城が火に包まれている最中《さなか》、幸村は秀頼と共に抜け穴から脱出し、海路で薩摩へ渡ったという。大坂城にはいくつもの抜け穴があったことは事実で、現在も天王寺区の真田山にその遺構《いこう》を見ることができる。この真田山はかつて幸村が築いた出丸（土や石の囲い）だ。

当時、長崎にいた英国商館長のリチャード・コックスはその日記の中で、

「秀頼は数人の重臣と共に生存していて、おそらく薩摩か琉球《りゅうきゅう》にいるだろうという噂が世間で広まっている」

と記している。この世間の噂を裏付けるように、京の童歌《わらべうた》にも、

花のような秀頼さまを
鬼のような真田が連れて
退《の》きものいたり加護島（鹿児島）へ

と、主従二人の逃避行がうたわれている。

また、鹿児島市内の谷山というところに秀頼の墓と称する宝塔が現存している。この地で秀頼は、自らの運命を呪《のろ》い、酒浸《びた》りの日々を過ごしたと伝わる。名前は父秀吉の旧姓「木下」を名乗ったという。一方、幸村の墓と称するものも、薩摩半島にある現在の南九州市頴娃《えい》町に伝わっている。

■秋田・大館に定住し酒造業を始める

幸村に関しての伝説には続きがあり、いったんは鹿児島に来たものの、すぐに長男大助と共に巡礼姿に身をやつし、諸国を行脚《あんぎゃ》して神仏に豊臣家再興を祈願したという。そして、秋田の大館《おおだて》に立ち寄ったときにその地を気に入り、定住する。

幸村は、自分は信濃から来た商人であると称し、「信濃屋」の屋号で酒造業を始めたという。幸村がこの大館で亡くなったのは寛永十八年（一六四一）十二月のことで、享年七十六。大館の一心院という浄土宗の寺で幸村の墓と伝わる史跡を見ることができる。

これらの伝説の真偽《しんぎ》は定かでないが、大坂の陣で秀頼が城を脱出することはまず不可能だ。戦国時代、城に籠っていた総大将が敵陣を突破して落ち延びたという例は稀有に等しいからだ。ましてや、秀頼や幸村は超大物《ビッグネーム》だ。徳川方の十重二十重《とえはたえ》の囲みを破り、報奨金《ほうしょうきん》目当てに押し寄せる土民らの目もかいくぐって大坂湾から船に乗ることなど到底不可能である。

したがって、秀頼と幸村が薩摩へ逃れたという伝説はあくまで風説の類であって、真実とは考えられない。しかし、歴史上、壮絶な敗死を遂《と》げ、その後生存していたという、いわゆる「判官贔屓伝説」が許される有名人もそうはいない。せいぜい、源義経《みなもとのよしつね》とこの秀頼、幸村、そして西郷隆盛《さいごうたかもり》くらいだ。その意味では、後世に名を残すことができ、秀頼も幸村もきっと本望に違いない。

わずか三歳で織田家の盟主となった三法師の波瀾のその後

■秀吉に推され織田家の後継者となる

織田秀信《おだひでのぶ》――。羽柴《はしば》（豊臣）秀吉《ひでよし》によって、わずか三歳で天下人の座に推された人物である。この名前を聞いてピンとこなくても、織田信長《のぶなが》の孫の三法師《さんぽうし》と言えば、おわかりになるはずだ。

天正十年（一五八二）六月二十七日、尾張の清洲城において織田家の宿老が集まり会議が開かれた。世に言う「清洲会議」である。秀吉が主君信長を弑逆《しいぎゃく》した明智光秀を滅ぼしてから、わずか十四日後のことだった。

主な議題は、信長亡き後の織田家を誰が継ぐか、遺領をどう分配するかの二点だった。当日、会議に出席したのは宿老中の首席として自他共に認める柴田勝家《しばたかついえ》のほか、丹羽長秀《にわながひで》、池田恒興《いけだつねおき》、羽柴秀吉、そして信長の遺子である信雄《のぶかつ》・信孝《のぶたか》の兄弟が主な顔ぶれだった。

母親が違う信雄と信孝はともに二十五歳。当時、総領の信忠は本能寺で父と一緒に死んでおり、次男信雄は北畠《きたばたけ》具房《ともふさ》の養子となって北畠氏を継いでいた。三男信孝も、信長が北伊勢の神戸《かんべ》具盛《とももり》と和睦を結んだ際、具盛の養子となり、神戸家を相続していた。

いつの時代でも、いったん他家を継いだ者が実家に戻って家を継ぐということはそうそう許されるものではなかった。しかし、勝家はそれを百も承知の上で、信孝を跡目に推した。暗愚《あんぐ》と噂された信雄に対し、信孝は父信長の勇猛さを受け継いでいたからである。

「信孝さまこそ、人物、年齢共に不足なしと存じ候《そうろう》。方々《かたがた》の存念はいかに」

そう言って、一座を見回す勝家。戦場では「鬼柴田」と恐れられた猛将だけに、その炯々《けいけい》とした眼光に誰一人視線を合わせることができず、下を向いてしまった。

一座が沈黙するなか、末座から「あいや待たれよ」と声がかかった。秀吉である。

「修理亮《しゅりのすけ》どの（勝家のこと）、それはちと筋違いでござろう。筋目から申せば、三法師さまよりほかに人はござらぬではないか」

三法師は信忠の長子で、このとき三歳。信長にすれば直系の孫ということになる。秀吉に理路整然とした筋目論を持ち出されてはさすがの勝家も分が悪かった。

「三つの和子《わこ》にこの乱世を収められると思うてか。寝ぼけるのもいい加減にしろ筑前（秀吉のこと）」

満面に朱を注いで激昂《げっこう》する勝家。織田家筆頭家臣としての誇りを懸けて、必死に自論を展開するが、人望厚い丹羽長秀が秀吉側についたこともあり、信孝推戴《すいたい》論はもろくも却下されてしまう。

■故信長の追善法要で見せた秀吉の自己演出

こうして三法師が織田家の後継者と決まった。まだ幼少のため後見として勝家、秀吉、丹羽長秀、池田恒興の宿老四人が補佐役となり、守り立てていくことになった。四人の合議制とはいえ、天下奪りレースの争いは秀吉が勝家より一歩先んじたことは誰の目にも明らかだった。そして、やがてそれを決定づける出来事が起こる。

信長の死から四カ月後の十月十一日から七日間にわたり、秀吉は京の大徳寺で盛大な追善法要を営む。それは、自分が信長に替わる新しい覇王となったことを天下に誇示するための一大セレモニーであった。

いざ焼香の段になって、正装に威儀を正した秀吉が悠然と現われる。その姿を見て、人々は目を見張った。肩の上にちょこんと座っているのは幼い三法師ではないか。人々は新しい織田家の盟主の登場に一斉に頭を下げたが、ハタから見れば、三法師よりも秀吉に対して頭を下げているような印象を拭《ぬぐ》えなかった。

やや子供じみた演出のように見えるが、これが秀吉一流のやり方だった。人々の前でどう振舞えば自分をより印象付けられるかを知り抜いている男だった。当日、法要に参集した人々は秀吉の仕掛けたワナ――幻術にまんまと嵌《はま》ってしまったのである。

ともあれ、この瞬間、三法師は人生最高のスポットライトを浴びたことになる。しかし、それは秀吉というフィルターを透かして当てられたあまりにも悲しい光芒《こうぼう》であった。

その後の三法師だが、賤《しず》ケ《が》岳《たけ》合戦で勝家を滅ぼした秀吉によって、「秀信」の名を与えられ、従四位下・侍従に叙任される。秀吉の秀と信長の信を組み合わせたものだが、自分の名の秀を頭に持ってきたところに秀吉の明確な意図がうかがえる。織田家の盟主も今やわしの家来であると天下に公表したも同然だった。

秀信にすれば精神的な下剋上《げこくじょう》に見舞われたに等しい。しかし、秀信はそれ以後も秀吉の要求に唯々諾々《いいだくだく》と従っている。仮にも信長の直孫で、秀吉の主筋だ。秀吉に対して抵抗の気振りのひとつも見せてよさそうだが、ものごころつくかつかぬかで秀吉に懐柔された秀信にそれを期待するのは無理というものだった。

■東軍諸将に城を取り囲まれ、自殺を図ろうとする

その後、秀信は左近衛少将から参議に進み、文禄元年（一五九二）、岐阜城主となって十三万石を領する。このとき十三歳。無謀な朝鮮出兵にも文句一つ言わず従い、慶長三年（一五九八）には従三位・権中納言となる。

こうして秀吉の庇護のもと、安穏《あんのん》に成人していった秀信だったが、同年八月、秀吉が伏見城で没すると、運命が暗転する。

慶長五年八月、石田三成は岐阜城主の秀信のもとへ使者を送る。

「中納言さま（秀信のこと）は故太閤殿下のお力添えあってこそ、世に出られたお方。そのご恩に報いるため、今こそ大坂城におわす秀頼さまにご助勢願いたい」

使者の口上を聞いて、秀信は心中どう思っただろう。三成もまた秀吉同様、自分を天下奪《と》りの道具に使うつもりかと暗鬱《あんうつ》な気分に陥ったのではないだろうか。それでも三成の要請を受け容れることにした秀信。すぐに戦の準備を始めたまではよかったが、これが清洲城にいた福島正則《ふくしままさのり》、池田輝政《いけだてるまさ》、黒田長政《くろだながまさ》ら東軍諸将に知られるところとなり、岐阜城はたちまち取り囲まれてしまう。

そして大した抵抗を見せることもなく、城は陥落。捕らえられた秀信は、

「今日の憂《う》き目は予の不甲斐無き故《ゆえ》じゃ」

そう言って、さめざめと泣きながら自刃しようとしたが、福島正則に止められている。その後、秀信は一命を助けられ、城下の円徳寺に入って剃髪《ていはつ》。さらに、高野山へ追放され、そこで二十六年の短い生涯を終える。織田の嫡系はこれをもって断絶する。

秀信の人生は、秀吉の次は三成と、権力者二人の天下奪りに立て続けに利用されただけの憐れな一生だった。高野山に幽閉されて亡くなるまでの短い歳月だけが、今度は誰に利用されるかとあれこれ気をもまなくてよい心安らかで幸福な時間だったかもしれない。

徳川家康の十一人の子、それぞれがたどった悲喜劇

■父家康に愛された信康を襲った突然の悲劇

徳川家康《とくがわいえやす》には正室のほかに生涯を通じて二十人近い側室がいた。その女たちとの間で男子だけでも、十一人の子をもうけたことが記録に残っている。そのうち最も有名なのは、二代将軍となった三男秀忠《ひでただ》である。

家康が長男をもうけたのは十八歳のとき。最後は六十二歳のときの子だ。つまり、十一人の子供たちは兄弟とはいえ、最初と最後で年齢差が四十四もあったことになる。人質となった不遇な少年時代、周辺を切り従え足場を固めていった青年時代、秀吉に伍して勢力を拡大していった壮年時代、そして天下の覇権《はけん》を握った晩年期と、それぞれの時代によって生まれた子供たちの運命も大きく異なる。この世に生をうけた後、彼ら十一人の子供たちはどんな人生模様を描いたのだろうか。もっ

とも劇的な生涯を送った長男信康《のぶやす》を中心に、十一人の人生をたどった。

長男信康は二十一歳という若さで、しかも父家康から自決を命じられた悲運の嫡《ちゃく》子《し》だ。なぜ、こんな悲劇が起こってしまったのだろうか。

信康は永禄二年（一五五九）三月、家康の最初の子として駿府《すんぷ》で生まれた。幼名は竹千代。母は家康の正妻駿河御前《するがごぜん》、のちの築山殿《つきやま》である。このころ家康は松平《まつだいら》元康《もとやす》と名乗っており、今川氏の人質として駿府で肩身狭く暮らしていたときの子だ。

築山殿は今川義元《いまがわよしもと》の妹婿《むこ》関口親永《ちかなが》の長女で、のちに義元の養女となって家康に嫁《か》した。年齢はわからないが、家康よりも年上であったらしい。彼女は年下で、人質になっている夫を日ごろから軽く見ており、夫婦仲はけっして良くなかった。

竹千代はこの母からわがまま一杯に育てられる。九歳で織田信長《おだのぶなが》の娘徳姫《とくひめ》と結婚。十二歳で元服し、信長の一字をもらい、岡崎次郎三郎信康と名乗る。性格は英邁《えいまい》にして剛毅《ごうき》、その半面粗暴なところが目立った。

十五歳で初陣し、その後、武田軍との合戦など何度か戦場に出たが、勇猛ぶりはつねに際立っていた。家康も自分の血を受け継いだ信康を愛し、頼りにすること一《ひと》入《しお》だった。そんな緊密な親子関係に突然、亀裂が生じる。原因は母の築山殿にあった。日ごろ、徳姫と姑の築山殿は仲が悪く、たまたま築山殿に謀叛《むほん》の噂があることを知った徳姫が、手紙で父の信長にそのことを内通したのである。

■謀叛の疑いを解くために妻と長男を処刑する

築山殿の謀叛とは、武田氏と手を結び、夫の家康と信長を滅ぼした後、両者の所領を信康に分け与えてもらうよう画策したというものだった。真偽《しんぎ》は定かでないが、これによって信長は激怒し、家康に断固とした処分を求めた。もしも、その命令に背《そむ》けば、家が滅亡することは火を見るより明らかだった。

家康は高慢な築山殿に対しては何の未練もなかったが、信康を失うことは身を切られるに等しい辛さだった。信康は母親に名前を利用されただけで、自分に対し謀叛の気持ちなど露ほどもないことは明白だった。信長の再三の督促《とくそく》にもかかわらず、二人の処分を決定するまでに約一カ月半を要しており、それだけ、家をとるか息子をとるか、家康は迷いに迷ったことを裏付けている。

天正七年（一五七九）八月二十九日、家康は家臣に命じて築山殿を殺害する。続いて、九月十九日、信康を切腹させる。信康は「自分に謀叛の疑いがかかるとは思いもしなかった。このことを父上によくよく伝えてくれ」と介錯《かいしゃく》の服部半蔵《はっとりはんぞう》に言い残し、腹に刃を突き立てた。信長が本能寺で亡くなる三年前のことである。

後年、家康は関ケ原合戦の折など「年老いて骨の折れることだ。倅《せがれ》が生きていたらこんな苦労をしなくて済んだものを」と嘆息し、信康をしのんだという。

以下、残り十人の男子の生涯を順番に見ていこう。二男結城秀康《ゆうきひでやす》は家康が三十三歳のときに誕生した。長子信康が生まれてから十六年の歳月が経っていた。やっと生まれた二人目の男子だったが、家康はなぜかこの秀康を疎《うと》んじ、冷遇した。

母親は、於万《おまん》の方といい、元は築山殿の侍女だった。その女に色好みの家康が手をつけたのである。於万の方が身籠ったことを知ると、築山殿は烈火のごとく怒り、於万の方を赤裸にして庭先の立ち木に縛り付け、さんざん打擲《ちょうちゃく》し、そのまま晒《さら》しものにして辱《はずかし》めたという。

家康が秀康を嫌った理由を、通説では秀康の顔が生まれつき醜かったから、とされているが、そんなことで我が子を遠ざけるとはとても思えない。おそらく妬心《としん》の強い築山殿に遠慮し、秀康を疎んじたというのが真相だろう。

秀康は十一歳のとき、豊臣秀吉の養子となり、さらに六年後、秀吉が小田原を攻めた際、結城家へ養子に出される。これにより、秀康は豊臣大名から徳川大名へと転身したのである。関ケ原合戦の際は戦場に参加していないが、上杉軍を牽制《けんせい》する重い役目を任されている。

秀康という人は生まれながらに周囲を黙らせる威厳を備えており、本当なら二代将軍になってもおかしくなかった。それが適わなかったのは、幼少時のぎくしゃくした家康との親子関係が最後まで尾を引いたからであろう。慶長十二年（一六〇七）閏四月、三十四歳の若さで病死する。このとき六十六歳の家康は秀康の死をどう受け止めたのだろうか。

■一代で四十一人の大名の改易を断行した秀忠

三男秀忠については今さら触れる必要はないであろう。その平凡な人柄故《ゆえ》に家康に愛された人物だ。政情が安定した以上は、性格の激しい秀康のような人物より凡《ぼん》庸《よう》で律儀な秀忠のような人物のほうが国は治まる、と家康は判断したのである。そして、その目論見《もくろみ》は成功した。秀忠は一代のうちに四十一人の大名の改易《かいえき》を断行し、寛永九年（一六三二）、五十四歳で亡くなった。

四男松平忠吉《ただよし》は勇将として聞こえ、父家康の天下取りを側面から支えた人物だ。忠吉は天正八年（一五八〇）、浜松城で誕生した。秀忠とは一つ違いである。二歳のとき、家康の計らいで後嗣《こうし》の絶えた一族の東条松平家を継いでいる。関ケ原合戦では先頭を駆ける勇ましさを発揮し、家康の期待にこたえた。

関ケ原後は、家康の分身として戦後処理に奔走《ほんそう》する。その一方、伏見城にとどまり、豊臣恩顧の大名が多い西国に対する家康不在の押さえとしてにらみをきかせた。そんな忠吉も、やがて病に倒れ、二十八歳で帰らぬ人となる。

五男武田信吉《のぶよし》は、家康の四十二歳のときの子だ。幼名は萬千代《まんちよ》。天正十八年（一五九〇）、武田氏の名跡が絶えるのを惜しんだ家康が萬千代に武田氏を継がせることとし、下総《しもうさ》に三万石を与えた。その後、佐倉十万石を経て常陸《ひたち》水戸二十五万石へと移封される。しかし、水戸に移ってわずか一年で病死する。享年二十一歳。信吉は生まれつき多病で、床についていることが多かった。家康の子の中で、成人しても無位無冠に終わったのはこの信吉のみである。

六男は松平忠輝《ただてる》。文禄元年（一五九二）、家康五十一歳のとき江戸城で生まれた。二男の結城秀康同様、生まれつき容貌が醜く、生まれたばかりの忠輝（幼名辰千代）を見て、家康が思わず「捨てよ」と側近に命じたくらいだ。忠輝は八歳のとき、長沢松平家を継ぎ、武蔵国深谷城一万石を領する。

家康の子供は、信康や秀康など気性の激しいグループと、秀忠や忠吉などどちらかといえば大人しいグループに分けられるという。それに当て嵌《は》めれば、忠輝はまさに前者のグループだった。幼いころから粗暴で、周囲に騒動が耐えなかった。家康は死に臨んで、自分が死んだら忠輝を改易にするよう命じたほどだった。

家康の死後、この遺命は守られた。当時、忠輝は越後・信濃両国を支配していたが、大坂夏の陣に遅参したことと秀忠の旗本二人を勝手に斬り殺したことを理由に改易となり、伊勢国に配流となる。このとき忠輝二十五歳。その後、信州諏訪に移され、天和三年（一六八三）七月、九十二歳で亡くなるまで、この信州でなんと五十八年間もの永い幽閉生活を過ごしたのである。

■九男義直、十男頼宣、十一男頼房で御三家を形成

七男松千代と八男仙千代は年子である。母親は異なるが、合わせ鏡のように二人は似通った短い生涯だった。ともに幼くして他家へ養子に出され、どちらも数えの

六つで早世した。二人とも、逸話の類がまったく伝わっていない点も共通している。松千代は慶長四年正月、養子先の長沢松平家で、仙千代は翌年二月、こちらも養子先で家康の側近の一人、平岩親吉《ちかよし》のもとで亡くなった。

九男義直《よしなお》、十男頼宣《よりのぶ》、十一男頼房《よりふさ》の三人はいずれも家康が天下を掌握してから誕生した。義直は慶長五年十一月、頼宣はその二年後、頼房はさらに一年後に生まれている。頼宣と頼房を生んだのは同じ女性（於万の方）で、二男結城秀康を生んだ女性と同名だが別人だ。

徳川家の将来の礎《いしずえ》として家康は、義直には尾張を、頼宣には紀伊を、頼房には水戸を与えた。いわゆる徳川御三家である。この御三家には将軍の後嗣《こうし》になれるなど他の大名にはない様々な特権が与えられた。

さて、家康がもうけた男子十一の人生をざっとみてきた。実は、家康にはあと二人の男子がいたことが記録によって明らかとなっている。なぜ、その二人の子を家康は自分の子として認めなかったのだろうか。そのあたりの謎は次項で解いていくことにする。

家康がひた隠しにした謎の「ご落胤」が記録から消された理由

■幻の五男松平民部はなぜ家康に遠ざけられたのか

徳川家康《とくがわいえやす》は正室と側室との間に、十一人の男子を成したことは前項で述べた。しかし、のちの記録から除外されることが多いが、実際はあと二人、男子がいたことがわかっている。その謎の男子とは、松平民部《まつだいらみんぶ》と小笠原権之丞《おがさわらごんのじょう》である。なぜ二人は記録から消されたのだろうか、そのきっかけとなった出来事とその後の彼らの人生を追跡した。

松平民部は天正十年（一五八二）、家康が四十一歳のとき側室に生ませた子だ。ということは四男松平忠吉《ただよし》の後、五男武田信吉《たけだのぶよし》が誕生する前に当たる。この年は、武田勝頼《かつより》が自刃し、織田信長《おだのぶなが》が本能寺で倒れ、豊臣秀吉《とよとみひでよし》が主君の弔《とむら》い合戦で明智光秀《あけちみつひで》を討つ——という具合に戦国乱世を象徴するような激動の一年だった。

民部は順当にいけば、家康の五男として大事に育てられるはずだった。しかし、そうはならなかった。生まれてすぐに養子に出されたのである。その理由は、厄年(四十一歳の前厄)に生まれた子は親にあだなすとか病弱で長生きしないといった当時の禁忌《きんき》を家康が恐れ、民部を実子として認めなかったからである。

なんだそんなことくらいで天下を取った家康らしくもない、と現代の人は笑うかも知れないが、当時の人々は誰彼なくそうした忌《い》み事を信じた。あの、合理主義の権化のように言われる織田信長でさえ、合戦の前には古式に則《のっと》った戦勝祈願を執《と》り行っている。もっとも、信長の場合、家来を安心させるために行ったというのが正しいだろうが、そうした忌み事が当時の人々の日常に深く根差していたことは確かである。

しかしながら、五男武田信吉は家康四十二歳の大厄の年に生まれている。信吉はなぜ民部の例にならって他家へ養子に出されなかったのだろうか。これについて記録は何も伝えていない。当時の家康の気まぐれとしか言い様がない。ただ、信吉は生まれながらに病弱で、二十一歳の若さで亡くなっていることから、この厄年の俗忌は家康に限っては当たったようである。

民部の養子としての受け入れ先は、二男結城秀康《ゆうきひでやす》だった。つまり、家康は民部を八つ違いの兄の家に託したのである。こうして秀康のもとで民部はすくすくと成長し、聡明でたくましい若者となる。長じて越前藩主となった秀康に仕え、何不自由なく暮らしていたが、慶長十二年（一六〇七）、民部二十六歳のとき、秀康が突然病に倒れる。親も同然の兄だっただけに、民部の受けた衝撃は大きかったはずである。

その後、民部は慶長十九年十一月の大坂冬の陣、翌年五月の夏の陣と、秀康の長男松平忠直《ただなお》にしたがって出陣する。特に、夏の陣において越前勢は、家康の本陣を急襲した真田幸村隊と死闘を展開した。民部も戦功を挙げたと伝えられる。

この夏の陣後、ほどなく民部は越前で病没する。家康にすれば、民部という子は親にあだなすどころか、反対に親の危難を救ってくれた得難い孝行息子だったのである。

■キリスト教に帰依した小笠原権之丞の最期

さて、もう一人のご落胤《らくいん》、小笠原権之丞について語ろう。権之丞は五男武田信吉の後に誕生した。はっきりした年月はわからない。六男松平忠輝の兄とされ、忠輝が文禄元年（一五九二）に生まれていることから、五男信吉が生まれた一五八三年から九二年の間に生まれたのは確実だ。

当時、家康が寵愛していた側室の一人が孕《はら》み、その女をおなかの子供ごと譜代の旗本・小笠原広朝《ひろとも》に家康は下げ渡した。お手つきの女に飽きると臣下に下げ渡すという例は日本の歴史にいくらもある。この女が小笠原家に入って生んだのが権之丞だという。権之丞は小笠原家の跡取りとして育てられる。

慶長十七年三月、家康は家中のうちキリスト教信奉者の弾圧に乗り出すが、このなかに小笠原権之丞も含まれていた。権之丞がいつどんな理由でキリスト教に傾倒したか、それはわからない。ただ、レオン・パジェスの『日本切支丹《キリシタン》宗門史』に、「公方《くぼう》（家康）が追放した十四人の中で、筆頭はディエゴ小笠原という武家である」と記されている。ディエゴは洗礼名であろう。

また、『徳川実紀』には、これによって小笠原家は改易、権之丞は死一等を減じられて追放になった、とある。ごく近い血縁に自分が禁止したキリスト教信奉者がいたというのでは為政者《いせいしゃ》としてしめしがつかない。おそらく家康は権之丞に対し「命を助けるかわりに、今後、わしの子であるなどと広言してはならぬ」とでも言って絶縁宣言したのではないだろうか。

やがて、天下の浪人となった権之丞は思わぬ行動に出る。大坂方の武将でキリシタンの明石掃部《あかしかもん》に誘われた権之丞は家族を捨て、大坂城に入ったのだ。実の親に刃向かう反骨心の強さは、やはり家康の子だからであろうか。こののち権之丞は大坂夏の陣で戦死したとされるが、遺体は見つからなかった。

激戦の最中、敵方で権之丞を知る者が、逃走することを勧めたが、権之丞は、

「わしは大御所の子と噂される男だ。そのわしが手柄も立てず逃げ出したとあっては、たとえ徳川家に帰参が適《かな》っても笑いものになるばかりだ」

そう言い残し、敵陣深く突入していったのが、権之丞の最期の姿と伝えられる。彼もまた、紛《まぎ》れもなく家康の勇猛さを受け継いだ子の一人だった。

『徳川諸家系譜』に、権之丞を家康の子として、

「小笠原権之丞。母は京の三条某氏の女《むすめ》。歳は松平忠輝朝臣《あそん》の上。小笠原越中守養子。大坂城に入り、夏の陣において死す」

と、短く記されている。

関ケ原で西軍についた宇喜多秀家の永すぎた余生とは

■豊臣政権を支えていた大大名を一転させた出来事

宇喜多秀家《うきたひでいえ》は、天下分け目の関ケ原合戦（慶長五年＝一六〇〇）において、石田《いしだ》三成《みつなり》が率いる西軍に属した武将だ。傍観者が多かった西軍諸将の中にあって、真剣に戦ったのはこの宇喜多勢のほか、小西行長《こにしゆきなが》、大谷吉継《おおたによしつぐ》、島左近《しまさこん》らの軍勢くらいであった。しかし、そのため敗戦後に秀家は黒潮洗う八丈島へと流され、流人《るにん》暮らしを余儀なくされてしまう。

秀家が八丈島へ流されたのは今からざっと四百年前の慶長十一年（一六〇六）のことだ。島の公式記録では、秀家が流人の第一号であった。

八丈島は伊豆諸島の南端に位置し、本土から直線距離で約二百九十キロメートル。東海道本線でいえば東京―豊橋間に相当する距離で、東海汽船の客船を利用すれば東京からおよそ十時間の船旅だ。

ちなみに、江戸時代に八丈島に送られた罪人ののべ人数は「千八百十六人とカラスが一羽」だという。このカラスは、「生類憐《しょうるいあわれ》みの令」で有名な徳川五代将軍綱吉《つなよし》の頭に糞《ふん》をひっかけたために捕らえられたのだ。綱吉は「無礼なやつ」と怒ってはみたが、自分が出した法令なので殺すわけにもいかず、八丈島へ流したのだという。閑話休題《それはさておき》――。

豊臣秀吉にかわいがられ、最盛期は備前《びぜん》（岡山県南東部）や美作《みまさか》（岡山県北部）などを領する五十七万石の大大名となり、中納言《ちゅうなごん》にも昇進。さらに、豊臣政権を支える五大老の一人にも任ぜられるなど栄光の日々を過ごしていた秀家。それが、関ケ原後は一転して、「鳥も通わぬ」八丈島で流人生活を送ることになろうとは……。

一体、島ではどんな暮らしぶりだったのだろうか。

■秀吉の養子となり一門衆の厚遇を受ける

宇喜多秀家の父直家《なおいえ》は、備前国上道郡《じょうとうぐん》沼城《ぬまじょう》に本拠を構える土豪《どごう》の身分から出発して大名にまでのし上がった戦国武将である。直家は斎藤道三《さいとうどうさん》や松永久秀《まつながひさひで》などと並ぶ、いわゆる「戦国の梟雄《きょうゆう》（残忍で猛々《たけだけ》しい人の意）」の一人だ。

直家は天正七年（一五七九）には毛利氏を見限り、織田信長に従属する。この一か八かの賭けは見事に成功した。なぜなら毛利氏に従っていたのでは、その後、信長の後継者となった羽柴秀吉によって攻められ、家が滅んでいた可能性もあったからだ。

天正十年（九年説も）に直家が五十三歳で病死すると、次男の秀家が家督《かとく》を継いだ。まだ十歳の少年だったが、数年後に思わぬ幸運が舞い込む。元服した際、秀吉から「秀」の一字を賜《たまわ》ったばかりか、養子に迎えられたのだ。さらに、天正十四年には秀吉の養女・豪姫《ごうひめ》（前田利家《まえだとしいえ》の娘）を正室とし、以来、秀吉の一門衆《いちもんしゅう》としての待遇を受けることになるのである。

このように秀家は自分を引き立ててくれた秀吉に対し強い感謝の気持ちがあっただけに、関ケ原合戦では迷うことなく西軍に味方した。その結果が、絶海の孤島・八丈島での流人生活である。

関ケ原後、秀家はいったん薩摩に潜伏していたが、やがて島津家から徳川家康にその身柄を引き渡される。その後、前田家と島津家から助命嘆願があり、秀家は罪一等を減じられて死罪を免《まぬか》れる。そして一時駿河国《するがのくに》久能山《くのうざん》に幽閉《ゆうへい》された後、嫡子孫《ちゃくし》九郎、家臣十二名と共に八丈島へ流されたのである（妻豪姫は伴わず）。このとき秀家三十四歳。

■三十四歳から五十年間も流人生活を送る

島での秀家だが、関ケ原後、逃げ延びる途中ですでに剃髪《ていはつ》していた秀家は島では休復（久福、休福とも）と号した。また、一族は「宇喜多」の名をはばかり、「浮田」を名乗った。かつて五十万石を領した備前の太守にとって、島での生活はけっして楽ではなかったはずだ。妻豪姫の実家である前田家から隔年ごとに生活物資が仕送りされたが、それだけでは到底足りなかったようである。

こんな逸話が島に伝わっている。秀吉のかつての寵臣《ちょうしん》で、のちに徳川方についた福島正則《まさのり》にまつわる話だ。ある日のこと、正則の領国の安芸《あき》広島から将軍家へ献上する酒を積んで江戸を目指していた船がシケに遭い、八丈島に漂着してしまう。

風がやむのを待つことにした一行は、島の役人がいる番小屋で小休止していると、役人が、流刑囚の中に関ケ原合戦で名をはせた宇喜多秀家がいることを教えてくれた。福島家の武士たちは零落《れいらく》した秀家に同情し、船の積み荷から酒樽を一つ運んでくると、「これを宇喜多殿に差し上げてほしい」と役人に頼み、島を後にしたという。

のちに主君正則から「大切な献上品なのに勝手なことをしおって」と叱られることを覚悟した家来たちだったが、案に相違して正則は、

「よくぞしてのけた。天晴《あっぱれ》、それでこそ福島の家来じゃ」

そういって激情家らしく、大粒の涙を流した。その後、福島家からも幾度か贈り物が秀家のもとに届けられたという。

秀家が流刑囚のまま島で亡くなったのは、明暦元年（一六五五）十一月のことだった。享年八十三（八十四歳説も）。このときすでに江戸幕府第四代将軍・徳川家綱の治世であった。

秀家は三十四歳から実に五十年間も流人生活を過ごしたのである。確かに島での生活はなにかと不自由だったに違いないが、戦乱に明け暮れ、ときには敵を追い落とすために権謀術数《けんぼうじゅつすう》をめぐらせたかつての日々は一刻《いっとき》も気がやすまらなかったはずだ。それを考えると、気候のよい八丈島でのんびりと余生を過ごせたことが秀家に

とってはかえってよかったのかもしれない。八十三歳という長命がなによりもそのことを物語っているように思えるが、いかがだろう。

■明治新政府になっても扶助し続けた前田家

明治二年（一八六九）二月、明治新政府は宇喜多家の流罪を免じ、金沢藩に一族の扶助《ふじょ》を命じた。翌年八月、加賀前田家のさしまわした便船に乗り、宇喜多（浮田）一族二十家のうち七家が八丈島を離れた。その後七家は、二十二万坪という広大な敷地を誇る旧加賀藩江戸下屋敷平尾邸（現在の板橋区加賀のあたり）のうち二万坪の提供を受け、その地で帰農した。

秀家と豪姫との結び付きだけで江戸から明治新政府になっても宇喜多一族を扶助し続けた前田家。さすがに加賀藩の祖・前田利家は豊臣秀吉から「戦国一の律義《りちぎ》者《もの》」と評されただけのことはある。

ところが、こうした前田家の支援もむなしく、一族の多くは生活環境の変化になじめず、すぐに八丈島に舞い戻ったという。板橋四丁目の東光寺境内には、帰農した七家が建立した宇喜多秀家の供養塔が伝わっている。

十五で海外へ追放された
ジャガタラお春の知られざるその後

■オランダ人と日本人の間に生まれたお春

自らは何の落ち度もない十五歳の娘が理不尽にも国外退去の処分を受け、異国の地で懐かしい故国を思いながら死んでいく――。そんな悲しい生涯を送った一人の女性が、江戸前期の鎖国政策真っ只中にいた。それが、ジャガタラお春である。

お春が異国から故郷にいる幼なじみの女性に宛てて書いた「日本こひしや、日本こひしや……」ではじまる手紙、通称「ジャガタラ文」は後世、名文と称えられることになる。一体、海外へ追放されたお春はその後異国でどんな人生を過ごしたのだろうか。

寛永十三年（一六三六）、長崎・江戸町の波止場先の海上に人工の小島「出島」が完成する。当初はポルトガル人によるキリスト教の伝播《でんぱ》を防ぐため彼らを隔離するのが目的だった。しかし、その後の第四次鎖国令でポルトガル人は追放されたため、平戸のオランダ人たちを住まわせることになった。

出島が完成したころ、長崎・筑後町にお春という十二歳の少女が住んでいた。父親は小柳理右衛門。色白で美しく、利発な娘だった。理右衛門は幼少のころからお春を極力外へ出さずに育てた。お春がその理由を尋ねると、「街には悪い病気がはやっていて、うつるといけない」と言う。お春は十を過ぎたころから、外へ出られない辛さが原因で日に日に痩せていった。かわいそうに思った理右衛門はお春が十二歳になった年のある日、意を決してお春に出生の秘密を打ち明ける。

お春の本当の父親は、オランダ人センテイ（イタリア人航海士との異説あり）という者で、長崎で日本の美しい娘と知り合い、お春をもうけた。しかし、娘はお春を産んですぐに亡くなり、センテイは自国へ戻った。そこで娘の父だった理右衛門がお春を引き取り、自分の子供としてこれまで養育したのだという。

つまり、お春の体には半分、西洋人の血が流れていたのである。お春は自分の瞳が青く、肌が異様に白いため、「もしかしたら……」とそのことをこれまで疑わない訳ではなかったが、理右衛門の口からそのことをはっきりと告げられ、多感な少女の心は千々《ちぢ》に乱れたことは想像に難《かた》くない。

もしも、そんな日本人離れしたお春が白昼堂々と街中を歩けば、きっと役人に取り調べられ、悪くすれば国外へ追放されるかも知れないと理右衛門は心配したのである。事実、この年、二百八十七人ものお春と同じ境遇の男女が捕らえられ、マカオに流された。その事件を聞き知り、お春はいっそうおびえて暮らしたという。

そんなお春にも、心を許せるたった一人の女友達がいた。近所に住むお辰《たつ》という少女で、お辰はお春が混血であることをうすうす気付いていたが、けっして外へ漏らすようなことはしなかった。

■結婚後は、何不自由ない生活を送る

ところが、十五歳になったお春に突然災難が降りかかる。理右衛門の家に役人が踏み込み、嫌がるお春をむりやりさらっていく。幕府では前年、島原の乱が起こったために一段とキリシタンの取締を強化しており、その犠牲となったのである。

お春はいったん平戸に送られ、同じ運命の三十余名と共にプレタ号という船に乗せられ、ジャガタラ(インドネシアの首都ジャカルタ)へと流される。船が長崎の波止場を出る際、仲良しのお辰が見送りに来て、離れて暮らしても手紙のやりとりをしようと泣きながら誓い合った。

それから間もなくして、お辰はお春に宛てた手紙をジャガタラへ向かうオランダ船の乗組員に託した。約一年後、お春からの返事が同じ乗組員によってもたらされる。それが、冒頭の「日本こひしや、日本こひしや……」の手紙で、更紗《さらさ》生地に達筆でしたためられていた。一節を紹介しよう。

「日本こひしや、日本こひしや、かりそめに立ちいでて、又と戻らぬふるさと思へば、心も心ならず、なみだにむせび、めもくれ、ゆめうつつともさらにわきまえず候《そうら》へども……」

望郷の念を切々とつづった文章に、お辰は胸が締め付けられる思いがしたに違いない。さらに続けて、

「わが身こと、今までは異国の衣装一日もいたし申さず候、異国に流され候とも、なにしにあらえびすとはなれ申すべしや、あら日本こひしや、ゆかしや、見たや、見たや……」

お春は異国にあっても着物を着て過ごすほど、日本が忘れられなかったのであ

る。手紙では「日本こひしや」の言葉が何度も繰り返され、哀切極まる内容となっている。お春はこの手紙によって「ジャガタラお春」と呼ばれるようになり、後世に悲劇のヒロインとしてその名を残すことになる。

なお、この手紙の作者はお春ではなく、長崎出身の天文学者西川如見《にしかわじょけん》の創作とする説があることを付記しておく。

さて、そんなお春は、南国のジャカルタでどんな暮らしぶりだったのだろうか。さぞや毎日泣き暮らしたのだろうと思いきや意外な事実が判明している。

お春は二十歳（二十一歳説もあり）のとき、東インド会社事務員で長崎生まれのオランダ人、シモン・シモンセンと結婚する。お春にとってこれが玉の輿《こし》となった。シモンセンはやがて税関長に昇進したほどで、なかなかやり手のビジネスマンだった。家は裕福で、お春は何人もの使用人にかしずかれて暮らした。シモンセンは公職引退後、手広く貿易業を営み、ますます財を増やしていった。

お春はこのシモンセンとの間に四男三女（そのうち三人は早世）をもうけている。夫婦仲は睦《むつ》まじかったのだろう。一家は本国オランダから召還《しょうかん》命令を受けたこともあったが、お春が日本人だったため、引き続きジャカルタに居住することが許されたという。

お春四十八歳のとき、最愛の夫が亡くなると、莫大な遺産を相続し、その後残された家族と共に何不自由なく暮らした。

元禄五年（一六九二）、六十八歳で遺言をしたためる。

お春は若くして未亡人になった娘マリアや孫たちに遺産の分配額を記すと、最後に「ぜらうにま　しるし」と署名を添えた。ぜらうにまとはお春の洗礼名、ジェロニマのことである。

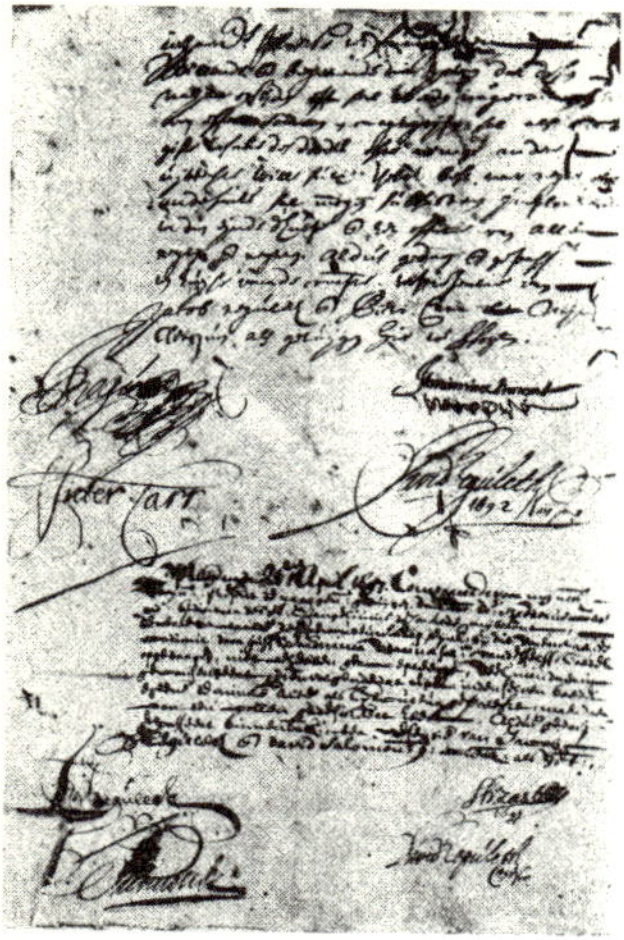

ジャガタラお春の遺言状

お春の没年は不明だが、七十の声を聞いてからだったことは間違いない。子や孫に囲まれ、大往生だった。お春の一生は、若くして故国を離れたのは確かに不幸だが、その後の人生はそれを補って余りある満ち足りたものだったのである。

晩年の「事件」に見え隠れする徳川光圀の虚像と実像

■本当に全国を巡って世直し旅をしたのか

水戸《みと》黄門《こうもん》といえば、紀伊《きい》家、尾張《おわり》家と並ぶ徳川御三家のひとつ、水戸家の殿さまで、「天下の副将軍」とも呼ばれた人物。隠居後は助さん・格さんを引きつれ全国を巡って世直し旅をしたことでも知られる。

水戸徳川家の殿さまだったことは疑いのない事実だが、隠居後に世直し旅をしたというのは本当だろうか。調べてみると、その生涯を通じてほとんど旅らしい旅をしていないことがわかった。ではなぜ、「諸国を巡って世直しをする」というイメージが定着してしまったのだろうか。

本稿ではそうした黄門さまにまつわる様々な謎を解明しながら、晩年に彼が引き起こした衝撃的な「お手討ち事件」の真相についても迫ってみたい。

■兄頼重を差し置いて水戸家の世嗣となる

水戸黄門こと徳川光圀《とくがわみつくに》は、寛永五年（一六二八）六月十日、水戸徳川家の祖である徳川頼房《よりふさ》の三男として現在の茨城県水戸市で誕生した。つまり光圀は徳川家康の孫に当たるわけだ。光圀の母久子は頼房の正式な側室ではなかったため頼房から遠ざけられ、久子は水戸家家臣三木之次《みきゆきつぐ》の屋敷で出産している。

寛永九年十一月、光圀は兄頼重《よりしげ》を差し置いて水戸徳川家の世嗣《せいし》に決定し、翌月から江戸・小石川の水戸屋敷で世嗣教育を受ける。同十三年、光圀は九歳で元服する。少年時代の光圀は、札付きの不良として有名で、女性の着物を羽織った、いわゆる傾奇者《かぶきもの》の格好をしてワル仲間と街を練り歩いたり、吉原遊郭《ゆうかく》に入り浸ったりした。新刀が手に入ると試し斬りをするため辻斬りまで行ったというから、相当なものだ。こうした素行の悪さに業を煮やした傅役《もりやく》から光圀は何度も注意を受けているが、素行が改まることはなかった。

そんな光圀に転機が訪れたのは、十八歳のときだった。司馬遷《しばせん》の『史記・伯夷《はくい》列伝』を読んだことがきっかけとなった。古代中国・殷《いん》代末期にいたとされる王子の兄弟（伯夷と叔斉《しゅくせい》）の物語で、互いに王位に就くことを潔《いさぎよ》しとせず、結果的に二人とも相続を放棄して故国を去り、隠遁《いんとん》生活の果てに餓死してしまうという話で、儒教では聖人とされている。

この話を自分と兄（頼重）の関係性と重ね合わせて大いに感銘を受けた光圀は、同時に「歴史」というものに強い関心を抱くようになる。そのうち、

「自分の手で日本の『史記』を編《あ》んでみたい」

という思いが募《つの》っていく。これ以後、人が変わったように生活態度を改めたことはいうまでもない。

そして明暦三年（一六五七）、三十歳になった光圀は念願だった『大日本史』の編纂《へんさん》作業に着手する。これは、初代神武《じんむ》帝から後小松《ごこまつ》帝（南北朝末期～室町初期）までの百代の天皇の事績と日本の歴史をまとめたもので、司馬遷の『史記』同様、個人の伝記を集めた紀伝体《きでんたい》の体裁《ていさい》をとったのが特徴である。全体的に尊皇《そんのう》論で貫かれており、のちの幕末の思想に大きな影響を与えたことはご存じのとおり。

寛文元年（一六六一）七月、父頼房が亡くなると、光圀は水戸藩二十八万石の第二代藩主となる。藩主の座に就《つ》く条件として兄頼重の子を養子にもらいうけてい

る。自分の次はその子に三代藩主を譲る腹だった。不可抗力とはいえ筋目に逆らって弟の自分が家督を継いだことに負い目を感じていたからにほかならない。

■隠居後は悠々自適の日々を送る

水戸藩主となった光圀は、幕府に先駆けて殉死《じゅんし》を禁止し、藩士の規律・士風の高揚を図る一方、飲料水の確保に難渋していた水戸の下町のために笠原水道の敷設《ふせつ》、寺社の移転と整理、家臣の共同墓地の設置、和紙の専売実施など多くの改革に取り組み、藩内外から名君と仰がれた。

『大日本史』の修史《しゅうし》事業は、藩主となった翌年の寛文二年ごろから本格化した。編纂作業に当たる史官《しかん》も徐々に増えていき、同八年になると約二十人を数えるまでになった。そして、十一年には神武帝から五十代桓武《かんむ》帝までの本紀二十六冊の草稿《そうこう》ができ上がる。翌十二年には江戸・駒込邸にあった史局を小石川邸内に移し、そこを「彰考館《しょうこうかん》」と名付けている。

元禄三年（一六九〇）、六十三歳になった光圀は藩主の座を養嗣子《ようしし》の綱條《つなえだ》に譲り、水戸藩領・常陸《ひたち》大田の西山荘《せいざんそう》に隠居するが、修史事業は続けられた。山荘は茅葺《かやぶき》屋根の簡素な造りで、ここで光圀は編纂に関して様々な指示を出したり、ときには近在の農民を招いて談笑したりと悠々自適の日々を送った。

ふだんから道服を着て過ごすことが多く、衣服はほころびを繕《つくろ》いながら愛用し、茶の頭巾に至っては四十年間も使い続けた。物欲もなく、拝領した品物はすぐ家臣などに分け与えたという。

そんな光圀に対し、後世の人が諸国を巡って世直しをするというキャラクターを与えたのは、『大日本史』編纂のために諸国から史料を集める必要があり、これが光圀自ら諸国を漫遊するという話につながったからである。実際に史料集めで諸国を巡ったのは史官の中の「助さん」こと佐々介三郎《ささすけさぶろう》や「格さん」こと安積覚兵衛《あさかかくべえ》などであった。

もともと『水戸黄門漫遊記』なるものは、江戸末期に活躍したある講釈師が、名君とうたわれた光圀が史料を全国から採集したという事実をヒントに、北条時頼《ほうじょうときより》の廻国《かいこく》ばなしと、弥次《やじ》さん・喜多《きた》さんでおなじみの『東海道中膝栗毛』の滑稽《こっけい》さをミックスして創作したまったくの虚構《フィクション》である。

水戸と江戸を往復した以外に実際に光圀が体験した旅といえば、江戸参府《さんぷ》の途中に上総《かずさ》・安房《あわ》を経て船で鎌倉に渡ったことと、あとは日光東照宮への参詣《さんけい》くらいだとされている。第一、隠居したとはいえ、水戸藩主まで務めた元殿さまがそう気安く旅ができる時代ではなかったのである。

もうひとつ、光圀にまつわることで一般の人が勘違いしているのは、「黄門さま」は光圀一人ではないということだ。光圀は六十三歳で隠居したが、その直後、権中《ごんちゅう》納言《なごん》に叙《じょ》されている。

権中納言を中国の官職に当てはめると「黄門侍郎《じろう》」に相当するところから、以来「黄門」と称されるようになった。黄門の名は中国でその昔、宮殿の門が黄色に塗られていたことに由来するという。

つまり、権中納言になった人はすべて「黄門さま」なのである。水戸藩の代々の殿さまの多くは権中納言に任ぜられているため、歴史上「水戸黄門」だけでも光圀以外に六人を数えるという。

また、テレビドラマや映画などでは光圀のことを「天下の副将軍」と称するが、「副将軍」という役職は徳川幕府二百七十年を通じて一度も存在しないことを付記しておこう。

■なぜ子飼いの臣を手討ちにしたのか

とにかく好奇心が人一倍旺盛《おうせい》な殿さまだった。日本で最初に光圀が口にしたという食品だけでも、光圀自身「後楽うどん」と名付けたラーメンをはじめ、餃子《ぎょうざ》、チーズ、黒豆納豆などがあり、獣肉《じゅうにく》（牛、豚、羊）も好んで食べた。稀代《きたい》の悪法ともいわれる「生類憐《しょうるいあわれ》みの令」を出した徳川五代将軍綱吉《つなよし》の時代とも重なるが、そんなお触れなどどこ吹く風であった。

さらに光圀は、蝦夷《えぞ》地（北海道）の探索のために黒人を雇い入れたり、明《みん》（中国）から亡命してきた儒学者・朱舜水《しゅしゅんすい》を招いて厚遇《こうぐう》したりした。ラーメンはこの朱舜水から作り方を教わり、自ら麺を打つほどのめりこんだという。

そんな光圀は、穏やかに過ごしていた晩年期に一度だけ、周囲を驚かせる騒ぎを引き起こしている。それこそが、水戸藩の重臣藤井紋太夫《ふじいもんだゆう》を手討ちにした事件である。

それは光圀が隠居して四年が過ぎた元禄七年十一月二十三日のことだった。そのころ光圀は、将軍綱吉に『大学』（儒教の経書）の講義を請われ、隠居後初めて江戸にのぼり、小石川の水戸藩邸に滞在していた。

この日、光圀は藩邸に幕府の老中や諸大名、旗本を招き、能楽を催した。光圀自身、『平家物語』に材をとった「千手《せんじゅ》」を舞ったが、その直後に事件は起こった。自らの楽屋に藤井紋太夫を招き入れたかと思うと、突然紋太夫を刺殺したのである。

たまたま現場近くに居合わせた井上玄桐《げんとう》（儒者、医師）はのちに著《あらわ》した光圀の言行録『玄桐筆記《ひっき》』の中で、このときの殺害の様子を生々しく伝えているが、肝心のその真相については一切触れていない。

紋太夫という男は、いわば光圀の子飼いの臣だった。それほど若い時分から引立ててきた家来を光圀はなぜ殺害したのだろうか。講談や小説、時代劇などでは、紋太夫が光圀失脚を画策《かくさく》する柳沢吉保《よしやす》に内通したためとしているが、これは疑わしい。別の説として、「人事問題で家中が二分していて、お家騒動になりそうだったので、その原因をつくった紋太夫を処分した」というのもある。

さらにまた、紋太夫の素行調査をしてその結果を光圀に報告したのが佐々介三郎だといわれており、そうなると『大日本史』に絡《から》む事案も想定される。つまり紋太夫は、藩財政支出の三分の一近くまでを占める修史事業をこのまま続けることにかねてより強い危機感を抱いていた。光圀に作業の延期や中止を具申《ぐしん》したが、それを聞き入れてもらえず、かえって光圀の怒りを買い、

「後世に残る一大文化事業に水を差すとは、不届きなやつ」

とばかりに手討ちにされたというのだ。しかし、この説も推測の域を出ない。なぜなら、紋太夫が光圀に対し、修史事業の延期や中止を具申したという証拠が残っているわけではないからだ。

事件後、光圀は周囲の者に、

「不慮の仕合わせ（めぐりあわせ）、老後の不調法」

とだけ語り、単なる偶発だったと押し通している。

はたして真相は――？

手討ち事件から六年後の元禄十三年十二月六日、光圀は西山荘で亡くなった。享年七十三。光圀が心血を注ぎ込んだ『大日本史』は、光圀の生前中にその根本部分ができ上がっていたが、光圀の死後も水戸藩の事業として二百数十年継続され、明治期の後半になってようやく完成をみたのである。

『群書類従』の編纂に命をかけた塙保己一のその後の結末

■国学者として名を残した巨人

〝奇跡の人〟ヘレン・ケラー女史が人生の手本とした日本人、それが塙保己一《はなわほきいち》である。女史が昭和十二年（一九三七）四月に来日した際、まっ先に東京・渋谷にある塙保己一を顕彰《けんしょう》する社団法人温故学会を訪問し、保己一の木像に触れ、「わたしは塙先生のことを知ったお陰で、障害を克服することができました。心から尊敬しています」と感謝の言葉を述べている。

塙保己一の名前は知っていても、何をした人なのかよく知らないという人がほとんどだろう。保己一は盲目《もうもく》でありながら、生涯をかけたライフワークとして『群書《ぐんしょ》類従《るいじゅう》』を編纂《へんさん》した江戸時代後期の国学者だ。『群書類従』とは、古典籍《こてんせき》（江戸時代初期以前の写本・版本の総称）の集大成であり、日本最大の国書の叢書《そうしょ》（シリーズ本）だ。保己一がこの一大出版事業を成《な》し遂《と》げてくれたお陰で、わが国の貴重な古典籍が散逸《さんいつ》から免《まぬか》れたばかりでなく、後世の歴史学・国文学の研究者は多大な恩恵を享受《きょうじゅ》することができたのである。

盲目という、学者にとっては最大級の不利な条件《ハンディキャップ》を負いながら、一体なぜ保己一は『群書類従』の編纂に立ち上がったのだろうか。保己一が編纂を決意してからのその後の刻苦《こっく》の日々と、彼の死後、跡継ぎである息子の身に起きた悲劇についても以下で述べてみたい。

■一度聞いたことは忘れない驚異の暗記力

塙保己一は延享《えんきょう》三年（一七四六）五月五日、現在の埼玉県本庄市で裕福な農家・荻野《おぎの》家の長男として生を享《う》けた。前年には徳川八代将軍吉宗《よしむね》の跡を継ぎ、家重《いえしげ》が将軍の座についている。幼名は寅之助《とらのすけ》。七歳の春に病を発し、それがもとで失明する。失明後、名を辰之助《たつのすけ》と改める。

荻野辰之助は十五歳で江戸へ出て、雨富須賀一検校《あめとみすがいちけんぎょう》の門人となる。名を千弥《せんや》に変え、この先生きていくために、按摩《あんま》、鍼《はり》、音曲などの修業を始める。

ところが生来の不器用で、いずれも上達しなかった。それやこれやで人生に絶望した千弥は自殺を図ろうとするが、すんでのところで助かっている。

自殺を思いとどまった千弥は、雨富検校に学問への熱い思いを打ち明ける。検校は半信半疑で千弥に学問をさせてみたところ、すぐに尋常《じんじょう》ならざる能力が備わっていることに気付かされる。

驚いた検校は千弥に国学や和歌、漢学、日本神道、医学など様々な学問の師匠に通うことを許可する。このとき千弥十六歳。こうして保己一の学問一筋の人生が幕を開けたのである。

ところで気になる保己一の勉強法だが、これが何とも凄《すさ》まじい。目が不自由なだけに、点字がある現代と違って文字を読むことは不可能だ。そこで保己一は書物を人に読んでもらい、それを一字一句暗記した。驚異の記憶力の持ち主で、どんなに昔に暗記した書物でも瞬時に頭の中で取り出せたという。しかも、単に暗記するだけでなく、分類・整理する能力にも秀《ひい》でていたから、『群書類従』のような仕事はまさにうってつけだったのである。

二十四歳のときに、国学の大家・賀茂真淵《かものまぶち》に入門する。真淵の晩年だったこともあり、わずか半年だったが、『六国史《りっこくし》』などを学んでいる。三十歳で勾当《こうとう》になると、名を塙保己一と改めた。塙は大恩ある雨富検校の本姓で、保己一は「己を保ち百年を安んず」という言葉からとったとも、自身の出身地の保木野村からとったともいわれている。

■活動資金が足りず借金まみれの後半生

安永八年（一七七九）、三十四歳になった保己一は、全国に散在する国書を蒐集《しゅうしゅう》刊行する大事業、すなわち『群書類従』の出版を決意し、京都の北野天満宮に祈願《きがん》する。

日本の古代・中世・近世の貴重な歴史書・文学書といった古典籍が散逸、あるいは焼失してしまうことを憂《うれ》い、これらを蒐集・編纂し、後世に残そうと保己一は考えたのである。

天明三年（一七八三）、三十八歳の保己一は念願の検校となる。その二年後、水戸徳川家に招かれ、『源平盛衰記《げんぺいせいすいき》』の校正に携わる。のちに『大日本史』の校正にも参画するようになる。寛政五年（一七九三）には、寺社奉行に土地拝借を願い出て、

「和学講談所」を現在の千代田区麹町に開く（のちに千代田区三番町に移転）。保己一はここを拠点に、ありとあらゆる古典籍を蒐集した。幕府からは毎年五十両の手当が支給されたという。

文化十二年（一八一五）、古希《こき》を迎えた保己一は長年の功績が認められ、十一代将軍家斉《いえなり》に拝謁《はいえつ》する栄に浴する。そして文政二年（一八一九）、保己一七十四歳のとき、『群書類従』全六百七十冊がついに完成する。それは出版を決意してから四十一年目のことだった。併行して進めてきた『続群書類従』の目録もでき上がり、保己一はほっと胸をなでおろしたに違いない。文政四年二月、総検校職に就任。その年の九月十二日、保己一は七十六歳で天寿を全《まっと》うした。

『群書類従』の仕事に着手してからというもの、実は保己一の人生は借金まみれだった。なぜなら幕府から支給される毎月の微々たる手当ではとても活動資金を賄えなかったからだ。そこで幕府から「拝借金《はいしゃくきん》」と称して百両、三百五十両、五百両と、ことあるごとに借りまくった。しかしそれでも足りず、大坂の豪商・鴻池《こうのいけ》からも九百両という大金を、「和学講談所」の建築費用と出版費用の名目で借りていたことがわかっている。

保己一の没後、末っ子の四男次郎が相続したが、このとき千五百両（現在のお金に換算すると一億円超）という多額の借金が残されていた。もしも、この一大出版事業の推進者が保己一でなければ、きっと頓挫《とんざ》していたに違いない。ここまでいけば、情熱という軽い言葉ではすまされない。もはや保己一の全身全霊を賭けた「執念」である。そして、その執念の結晶こそが『群書類従』なのだ。

■保己一の跡取り息子を暗殺したとされる意外な人物

保己一の後継者となった息子の次郎だが、正式に相続したのはまだ十五歳のときだった。次郎は名を忠宝《ただとみ》と改め、「和学講談所」に出仕すると、父から引き継いだ『続群書類従』『武家名目抄《ぶけみょうもくしょう》』などの編纂に携わった。当時の史料にほとんど名前が登場しないことから、父に似ない凡庸《ぼんよう》な学者だったのだろう。

ところが、そんな幕末史の片隅に埋もれるはずだった忠宝に、突如としてスポットライトが当たってしまう。暗殺事件の当事者（被害者）になったのだ。文久二年（一八六二）十二月二十一日、神田駿河台にある幕臣の屋敷で開かれた歌会から帰宅したところを二人の刺客に待ち伏せされ、落命する。

刺客は「幕府が孝明帝《こうめいてい》を廃位《はいい》せしめるためにその古例（昔からの慣例）調査を忠宝に命じた」という根も葉もない風説を信じ込んだ尊皇攘《そんのうじょう》夷《い》派《は》の志士だった。二人の刺客はともに長州人で、一人は山尾庸三《ようぞう》。事件後、イギリスに留学し造船技術を学んで帰国した庸三はのちに「日本の工業の父」と称された。

残る一人は誰有ろう、わが国初の内閣総理大臣・伊藤博文《ひろぶみ》だという。このころの伊藤は、公武合体論を主張する長井雅楽《うた》の暗殺を画策《かくさく》したり、品川御殿山の英国公使館焼き討ちに参加したりと随分血の気が多かった。明治維新になり、この暗殺事件のことを追及され笑ってはぐらかしたそうだが、状況証拠的にはまずクロと見て間違いないようだ。

侠客・清水次郎長は維新後どう過ごしたか

■幕軍の兵を手厚く葬る義侠心

清《し》水《みずの》次《じ》郎《ろ》長《ちょう》といえば、テレビや映画の時代劇でよく知られた博徒《ばくと》の大親分。幕末維新期から明治の中期まで生きた人物である。

若いころは博打や喧嘩に明け暮れ、同じ博徒仲間と激しい縄張り争いを展開した。そんな次郎長も、明治維新を迎えるとなぜか悪事から手を引き、人が変わったような行動に出る。一体、海道一の大親分に何があったのだろうか。

次郎長は本名を山本長五郎といい、文政三年（一八二〇）、清水で船持ち船頭の三男として生まれた。八歳のとき米問屋を営む叔父・山本次郎八の養子となる。以来「次郎長」と呼び習わす。若いころから喧嘩好きで有名だったという。

二十歳のとき養父・次郎八が病死。次郎長は家業を継いでしばらくはおとなしく

維新後、博徒の生活から足を洗った清水次郎長

していたが、その二年後、旅の僧に人相を見られ「とても二十五歳まで生きられない」と言われてしまう。愕然《がくぜん》となった次郎長は「それなら太く短く生きてやろう」とヤケになり、博徒の世界に身を投じる。

その後、次郎長は博徒仲間と抗争を繰り広げながら、東海道に勢力を広げていく。全盛期には名古屋までおさえたという。次郎長の身辺には血生臭い噂が絶えず、彼自身、人を殺めたことも一再《いっさい》ならずあったようである。

江戸から明治に変わろうとする一八六八年、この年は次郎長にとっても大きな転機となった。官軍が江戸をさして進んだとき、次郎長は官軍から道中探索方を命じられ、帯刀を許される。

さらに、この年の九月、幕府の軍艦咸臨丸《かんりんまる》が清水港で官軍と抗戦。咸臨丸側は敗れ、乗組員の死体が海上に放置されたままとなる。遺体を回収し葬ってやりたくても官軍の目を恐れ、誰も手を出さなかったのである。

次郎長はそれを憐れみ、子分らと幕軍の死体を引き揚げ、生家の所有地に埋葬して石碑を建てるなど手厚く葬った。のちに山岡鉄舟の書になる「壮士墓」の文字がその石碑に刻まれた。この石碑は現存する。

明治七年（一八七四）には囚人を使い富士裾野（今の富士宮市）の開墾《かいこん》事業に着手。茶、桑、ツバキなどを栽培した。九年には清水と横浜間の回漕に蒸気船の建造の必要性を説《と》いて回り、海運会社「静隆社」を設立、清水港の発展に尽くす。また、十二年には山岡鉄舟の義弟の石坂周造が遠州相良（今の榛原郡相良町）で石油の採掘を始めると、次郎長も関係したが、これはうまくいかなかった。

十七年、六十五歳になった次郎長は突然の災難に見舞われる。全国一斉の博徒狩りに引っかかり、懲役七年・罰金四百円を申し渡され、監獄入りする。維新後、実業家になったとはいえ、旧悪はそう簡単に償《つぐな》いきれるものではなかった。

■山岡鉄舟との出会いが目を開かせる

ところが、維新後の社会事業が認められ、山岡鉄舟の働きかけも奏効し、翌年、特赦によって次郎長は出獄する。その後、船旅の客のための宿泊施設「末広亭」を開業する。

「次郎長が経営していた埠頭《ふとう》場の旅館で、今は取り壊されて影形もないが、その頃は堂々たる二階建の家で、遠くから見える白壁に〈末広〉と大きく書いてあった」

（小笠原長生『大豪清水次郎長』）

そこに米国人の英語教師を招いて塾を開いたりもした。わずか十数年前まで斬った張ったのヤクザな暮らしをしていた男とは到底思えない開明ぶりだった。

この「末広亭」に、次郎長の人柄を慕って若い海軍士官が頻繁に訪れ、次郎長に昔話をせがんだという。その中には、のちに旅順港閉塞作戦で戦死し、海軍の軍神一号となった広瀬武夫らがいた。

幕末から明治維新を奔馬《ほんば》のごとく駆け抜けた次郎長も明治二十六年、七十四歳で没する。それは日清戦争の前年だった。なぜ次郎長は維新後、ヤクザの生活と決別し社会事業に精魂を傾けたのだろうか。

その理由は伝わっていないが、世の中の激動を目の当たりにして縄張り争いに血道を上げる博徒の存在がひどくちっぽけなものに思えたのではないだろうか。次郎長にそうした意識革命をもたらすきっかけとなった人物がいる。山岡鉄舟である。熱誠《ねっせい》の武人で禅にも通じた鉄舟と交誼《こうぎ》を深めるうち、次郎長の目が大きく開かれていったことは想像に難くない。晩年、フランス渡航を夢見ながら死んでいったのは、いかにも進取の気性に富んだ次郎長らしい最期といえる。

竜馬の死後、愛妻おりょうがたどった半生の秘密

■竜馬の姉とはソリが合わず土佐を飛び出る

おりょうこと楢崎龍《ならさきりょう》は、幕末の風雲児坂本竜馬の妻である。天保十二年（一八四一）六月六日、京都で生まれた。父将作《しょうさく》はいわゆる「勤王派」の町医者であったが、安政の大獄がもとで病死してしまい、一家の生活は困窮《こんきゅう》する。

おりょうと坂本竜馬が出会ったのは元治元年（一八六四）ごろとされ、おりょうのさっぱりとした気性に惚《ほ》れ込んだ竜馬は、懇意《こんい》にしていた京都伏見の船宿・寺田屋におりょうの身を預ける。

おりょうといえば、寺田屋で竜馬が幕吏《ばくり》に踏み込まれた際、入浴中のおりょうがその気配に気付き、素裸で階段を駆け上がり二階にいる竜馬に危機を知らせ難を逃れさせた話が有名だ。また、その後竜馬と結婚し、鹿児島まで「日本初の新婚旅

行」を行ったことでも歴史に名を残している。

そんな相思相愛の二人だったが、やがて悲しい別れのときがやってくる。慶応三年（一八六七）十一月十五日、竜馬は四条河原町の醤油商・近江屋《おうみや》の二階で盟友中岡慎太郎といたところを何者かに襲撃され、落命する。享年三十三歳。最愛の夫を喪ったおりょうはその後どんな人生をたどったのだろうか。

竜馬が襲撃されたころ、おりょうは下関で妹のきみえと同居していた。竜馬が亡くなったその日、おりょうはある夢を見た。それは、全身朱《あけ》に染まった竜馬が血刀をさげ、しょんぼりと枕元に座っているという怖い夢だった。

竜馬の身に危難が及んだことを直感するおりょう。やがて、その不安は的中した。十七日夕方、早馬で駆け付けた海援隊の隊士から竜馬の死を告げられると、おりょうは黒髪を根元からバッサリ切り落とし、仏壇の前で人目もはばからず泣き伏したという。

その後、傷心のおりょうは竜馬の故郷・土佐へ向かう。竜馬の姉乙女《おとめ》のもとに引き取られたのである。ところが、乙女とはソリが合わず、明治三年（一八七〇）になって土佐を飛び出る。

■奔放な性格からどこへ行ってもトラブルに

当時の常識からすれば、女の仕事（料理や裁縫など）が何一つ満足にできないおりょうは、奔放《ほんぽう》なだけの無知な女でしかなかった。竜馬だからこそ、ウマがあったのである。

事実、竜馬の同志である佐々木高行（のちの明治政府高官）は回顧録の中で、「おりょうは美人だが、善人か悪人か判断がつかない女性」と書いている。土佐に滞在したころのおりょうの奔放さを物語るこんな逸話も伝わっている。坂本の家を出る折、乙女宛に届いていた竜馬の手紙のほとんどを、おりょうは勝手に焼却してしまったという。

自分を嫌った乙女へのあてつけとも、乙女に嫉妬したからとも言われている。まさに、人はどうあれ自分の思うがままに生きた女性だったようである。

土佐を出たおりょうは京都に戻り、東山に家を借りて住んだ。しかし、すぐに蓄えが底をつき、竜馬の盟友だった西郷隆盛を頼る。本当なら竜馬が組織した海援隊を頼るのが筋だが、このころすでに海援隊は空中分解していた。西郷はおりょうの身の上を憐れみ、いくばくかの金を与えたようである。

おりょうはその後、どこに行っても折り合いが悪く、各地を転々とした。海軍水兵のもとに嫁いでいた妹を頼って横須賀にも滞在したが、ここもすぐに飛び出た。その後、人の妾《めかけ》にもなったという。

おりょうが再入籍したのは明治八年、三十五歳のときで相手は西村松兵衛という駄菓子売りだった。二人は神奈川のお茶屋で知り合った。結婚したものの生活は豊かでなかったようである。

おりょうが脳溢血《いっけつ》で亡くなったのは明治三十九年一月十五日のこと。日ごろの大酒が祟《たた》ったものと思われる。晩年は退役《たいえき》軍人の工藤外太郎に保護されて余生を過ごしたという。当時は坂本竜馬の名は一般にまだ知られておらず、葬儀はひっそりと営まれた。享年六十六歳。その後、大正三年（一九一四）、寄付によって現在の横須賀市大津町にある浄土宗信楽寺に墓が建てられた。

竜馬が亡くなった後、おりょうは自分の身勝手さもあって不幸な半生を送ったが、それを補って余りある竜馬と過ごした楽しい日々の思い出が彼女の胸を満たしていたに違いない。

■主な参考文献

「日本全史」（講談社）、「善玉　悪玉　大逆転の幕末史」（新井喜美夫／講談社α新書）、「日本書紀」（宇治谷孟／講談社学術文庫）、「歴史群像シリーズ11　徳川家康」（学習研究社）、「不思議日本史」（南條範夫監修）「合戦の日本史」（安田元久監修／以上、主婦と生活社）、「明治の群像」（伊藤隆監修）「徳川十五代」（大石慎三郎監修）「本当に江戸の浪人は傘張りの内職をしていたのか？」（山田順子／以上、実業之日本社）、「目からウロコの幕末維新」「戦国武将百人百言」（山村竜也／ＰＨＰ研究所）、「歴史を動かした男たち　古代・中近世編」「同　近世・近現代編」（以上、高橋千劔破）「新選組１００話」（鈴木亨／以上、中公文庫）、「細川ガラシャ夫人」（三浦綾子／新潮文庫）、「江戸の備忘録」（磯田道史／文春文庫）、「平家物語１」（梶原正昭・山下宏明校注／岩波文庫）、「幕末維新人物１００話」（泉秀樹／立風書房）、「歴史と旅　平成7年2月号」「同　臨時増刊　昭和53年11月号」「同　特集・真犯人を探せ」「臨時増刊57　謎と異説の日本史総覧」「日本史暗殺１００選」（森川哲郎）「日本史異説１００選」（尾崎秀樹編著／以上、秋田書店）、「歴史読本　81年11月号」「同　93年10月号」「同　95年10月号」「同　03年9月号」「同　事典にのらない日本史有名人の晩年」「同　歴史のその後」「同　知ってるつもりの日本史」「同　徳川３００藩最後の藩主」「歴史読本スペシャル　82年8月号」「同　87年5月号」「同　87年11月号」「同10年7月号　知っておきたい幕末史の新・視点」「同12年9月号　新選組京都15大事件の謎」「別冊歴史読本　江戸時代考証総覧」「同　誰も書かなかった戦国武将96人の真実」「同　事典にのらない日本史有名人の晩年と死」「同日本史有名人の子ども」「同　教科書が教えない日本史素朴な疑問」「同　日本史のカラクリ」「同　間違いだらけの歴史常識」「同　戦国武将の晩年と最後」「同　特別増刊　日本の英雄３５０人とっておき裏話」「同謎シリーズ1　謎の日本史」（樋口清之監修）「同　謎シリーズ２」（安田元久監修）「同　謎シリーズ３」（青木美智男監修）、「同84年5月号　日本史その後どうしたどうなった？」「天下取り採点　戦国武将２０５人」「教科書が教えない　歴史有名人の晩年と死」「歴史のその後」（以上、新人物往来社）、「歴史読本　特集　戦国武将の後継者」（中経出版）、「コンサイス人名辞典　日本編」（三省堂）、「朝日　日本歴史人物事典」（朝日新聞社編）、「日本奇談逸話伝説大事典」（志村有弘・松本寧至編／勉誠社）、「堂々日本史　別巻２」（ＫＴＣ中央出版）、「歴史人15年4月号」「ベスト新書　日本暗殺総覧」（泉秀樹／以上、ＫＫベストセラーズ）、「戦国史が面白くなる「戦国武将」の秘密」（渡邊大門／洋泉社）、「徳川家康の生涯と真田一族～宿命～」（メディアックス）、「昭和の全三役力士略伝」（野宮明雄　著者兼発行者）「相撲大辞典　金指基・財団法人日本相撲協会監修／現代書館」

■本書は『日本人が知らなかった歴史の顚末』（２００２年／小社刊）に、新たな情報を加え、改題・再編集したものです。

青春文庫

日本史《にほんし》の舞台裏《ぶたいうら》 その後《ご》の結末《けつまつ》

2015年 6 月20日　第 1 刷
2015年12月25日　第 5 刷

編　　者　歴史《れきし》の謎研究会《なぞけんきゅうかい》

発 行 者　小 澤 源 太 郎

責任編集　株式会社プライム涌光

発 行 所　株式会社 青 春 出 版 社

〒162-0056　東京都新宿区若松町 12-1
電話 03-3203-2850（編集部）
　　03-3207-1916（営業部）　　　印刷／大日本印刷
振替番号　00190-7-98602　　　製本／ナショナル製本
ISBN 978-4-413-09622-5